貯金0《ゼロ》円生活！

目指すはハッピーセミリタイア！
お金を賢く手放す5つの習慣

八乙女 暁
Satoru Yaotome

Clover
クローバー出版

はじめに

「お金に囚われて不自由になり、人生を失っている日本人が多過ぎる……。それくらいなら、お金や預金（＝貯金）なんて投げ捨ててしまえ！」

これが本書の大きなテーマです。
「え？　なんで大切なお金や預金を捨てるの？」と疑問に思った方も多いかもしれません。

しかし、お金や預金残高なんて、ほんの手はじめ。実は自由を手に入れるため、捨てていただくものはもっとあります。
「ムダな支出・持ちもの」「会社の収入やポジション」、さらには「ムダな投資」に至るまで、あなたが自由に理想のライフスタイルを生きるためにジャマになるものはどんどん捨てていきましょう！

ほとんどの方は、いずれについても、無意識のまま執着し過ぎていたり、増やすことにばかり気を取られています。そのせいで、本来は自由に使うべきである時間やお金を、上手く使えなくなっているのです。

お金や預金残高が足りていないことではなく、囚われてしまうことで自由になれない。ここに気がついていただくことが、本書の大きな狙いのひとつです。

お金や預金から解放されるためには、その正しい扱い方を知っておくことももちろん大切です。ほとんどの日本人が知らない、そのシンプルなルールについても本書では語っています。

具体的には、その大きな柱である「資産づくり」、そして着実な資産づくりをバックアップする「家計改善」「副業（複業）」「借金の活用法」にも触れていきます。

資産づくりや投資に関心がある方にも、「なんだ、そんなカンタンなことだったのか！私にもできそう！」と感じていただけることでしょう。

私自身も実際に人生に無用なモノをひたすら切り捨て、自分にとって本当に必要なものを知ったことで、わずか30歳にしてセミリタイアを果たすことができました。サラリーマン時代の激務生活から一変して、お金・時間・場所の自由を手に入れ、妻・娘とともに幸せな生活を送れるようになりました。

こうした幸せへの秘訣を、音声・視覚でもインプットできるように、本書は動画特典付きの書籍となっています。

ダウンロードは左記のＱＲコード、もしくは、ＵＲＬからアドレスを登録してご覧ください ね。本書と並行して、また、本書の復習用として使っていただければ、あなたの生活に大きな変化をもたらすことができると思います。

本書が、あなたが理想とするライフスタイルとお金を両立する入り口の一冊となれば、これ以上の喜びはありません。

あなたのお金マインドを改革！
読者限定動画はコチラから！

下記QRコードより、本書の

読者限定特典動画をご視聴いただけます。

コンテンツは以下の通りです。

1. お金、預金残高から自由になる！
2. 老後、災害、借金…
人生における3大不安を手放せ！
3. 風の時代にこそ求められる資産デザインとは？
4. 資産デザインでハッピーになる！
3つの秘訣とは？

本書の内容と併せてご覧いただくと、より「貯金0円生活」の実現に近づくことができます。ぜひご活用ください。
より詳しい解説をご希望の方は、下記URLよりお問い合わせください。

https://midas-minds.com

※携帯電話（スマートフォン以外のフィーチャーフォン）ではご利用いただけません。
※大変申し訳ありませんが、ご視聴・ダウンロードに関するパソコン操作等の技術的なご質問にはお答えできかねます。

Contents

第2章 ムダな支出・持ちものから自由になる！

第3章 会社の給与・ポジションから自由になる！

Contents

第4章 ムダな投資から自由になる！

第5章 自分の財布から自由になる！

chapter 1

預金残高から自由になる!

第1章

日本人の多くが、
大切に大切に増やそうとしている預金残高！
でもそれは、何のため？
預金残高って、結局はただの数字でしかない。
数字に価値を与えるのは、お金を使う目的です。
目的もなく漠然と預金残高を増やすなら、
数字が減っても不安、増えても不安。
そんな日々から解放されましょう！

1

「漠然とした不安」に備える預貯金は本当に必要か？

預金って必要ですか？

この問いに対して、多くの人は「もちろん必要でしょ!?」と答えると思います。

では、どうして必要なのかを考えてみてください。

子どもを大学まで行かせる費用として。

マイホームを手に入れたいから。

5年後に計画している、世界一周旅行のため……。

いいですね！　目的があるのなら、そのためにお金が必要です。確かに、その分の資金は貯めておかなくてはなりません。

でも、今までたくさんの方々の資産づくりの相談を受けてきた私は、そういう明確な目的をほとんど聞いたことがありません。もっとも耳にすることの多い言葉。それは、「何かあった時のために」です。

つまり、「漠然とした不安」からせっせと預金に励む人が大勢いるというわけです。でも、預金の目的が漠然としているから、いくらまで貯めれば安心なのかがわかりません。

すると、いつまで経っても、いくら貯めても不安。せっかく貯めても、そのお金を生かすことができない。そんな最悪な状況になってしまいます。

そもそもお金って何なのか。それを理解しないと、預金残高が気になって自由に生きることができなくなると私は考えています。

紙切れに「1万円」とか「1000円」といった役割を与えられただけのお金に、そんなに価値があるのでしょうか。また、「労働の対価」と考えている人も多いと思いますが、本当に労働の対価としてしか得られないものでしょうか。

よく考えてみれば、私たちはお金のイメージに縛られているのではないでしょうか？

生活に必要なものを自分で手に入れたり、家族や仲間とともにつくったりしていた大昔には、資産という概念はなくても幸せに暮らせたはずです。

ただ、日々の生活に必要なものを円滑に手に入れるために、硬貨や紙幣が使われ始めただけ。だから、お金は「額面の価値がありますよ」という「情報」でしかないのです。そして、**預金残高も単なる数字の情報に過ぎません**。

これがお金の本質であって、限りなく「あいまいな概念」であることを理解していただけると、預金残高の数字を単に増やすことのバカらしさがわかるのではないでしょうか。

お金は、その額面の価値情報を何かに交換することで初めて意味を持ちます。だから、目的ありきの預金に意味はあっても、「漠然とした不安」に備える預金にはまったく意味がありません。

とりあえず、**お金はあればあるほどいい！　お金って万能！　そう思っている**

間は、お金を使いこなせる人間にはなれない。億万長者になりたいと強く願ってお金に執着する人ほど、億万長者から遠ざかっていく例を、私はいくつも見てきました。

私自身、「お金とは何か」を理解し、預金残高なんて数字の情報にしか過ぎないということを理解するには時間がかかりました。でも、理解できた時に、劇的につまらない不安が消えて見える世界が変わってきます。

2

「何かあった時」には？
でも意外と大丈夫!!

急に意識を変えるのは難しいので、「漠然とした不安」を抱えるのはごく当たり前のことで、何も心配せずに暮らしている人はレアで幸せな人種です。

では、この「漠然とした不安」を呼び起こす「何かあった時」について考えてみましょう。

「何かあった時」として、一般的に考えられるのは、たとえば病気やケガをした時とか、災害に見舞われた時、家族の介護など事情があって働けなくなった時ですよね。

実際、私がコンサルティングをさせていただいたクライアントさんたちからも、このような不安をうかがいました。

でも私は、そんなこと心配する必要はある？

と思うのです。

まず、**病気やケガをしても、「国民皆《かい》保険制度」により日本では医療費負担が軽減されています**。基本的にほぼすべての国民は保険証を持っていて、自由にどの医療機関でも診療してもらうことができます。

「大病して医療費が高額になったらどうするのか」と聞かれることがありますが、それも大丈夫です。

かかりやすい疾病の中でも療養費が高額なのは、たとえば脳梗塞や癌ですが、脳梗塞は200万円、癌は100万円ほど。これは保険適用前の数字なので、実際には最大でこの金額の3割負担になります。つまり、**脳梗塞なら60万円、癌なら30万円ほどあればいいわけです**。

それに、今のところは「高額療養費制度」がありますので、医療機関や薬局での支払いが月の上限を超えた場合には、年齢や所得に応じて返金もされます。

だから、**急場をしのげるだけの預金さえあれば十分であって、闇雲に貯めておく必要はないのです**。医療保険に入る必要も、ほぼありません。

思い切ったことを言えば、その急場をしのぐだけの預金がなくても、困った時にちょっと貸してくれる親族や友人がいればいいのです。もし、病気で困っている時に助けてくれる人が一人もいなかったら？　**お金がないことよりも、助けてくれる人がいないことを悔やむべきだと、私は思います**。

それから、もしもの時に、たとえば「陽子線治療」のような先進医療を受けたいから、高額な医療保険に入っておこうという方もいますが、これもあまり意味はありません。

もちろん、保険に入っていて先進医療を受けたおかげで命が助かるケースはあるでしょうが、やはり威力がある治療だけあって、何度もくり返し受けることは実質的にできないようです。

価値観の違いと言えばそれまでですが、**私なら、そこまでの治療をしても助かるかどうか、という状態なら、もうそれは「死ぬべき時が来たんだな」と考えます**。

次に、地震や台風のような災害に見舞われた場合。それは不安ですよね。何よりもまず、精神的なご苦労がありますから、それが一番、大変なことだと思います。しかし、これを「何かあった時」として捉えることがそもそも間違っているのではないかと思います。

日本ならどこにいたって大地震は起きます。また、予想もしない津波だって来ます。

それは、2011年の東日本大震災をはじめ、さまざまな災害が毎年のように日本のどこかで起きていることからもわかるはずなのですが、実際に自分が被災しないと、なかなか「自分ごと」として考えられないのでしょう。

自分は被災しないと内心は思い込んでいるから、「もしも」が不安になるのです。災害は「何かあった時」ではなくて、「当然来るもの」として備えておくべきではないでしょうか。

備える金額はそれぞれのご家庭によって違うと思いますので、災害については日頃から考えておく必要があります。

あとは、事情があって仕事を辞めなくてはならなくなった時。

日本は社会保障制度がしっかりしているので、そんなに心配しなくても大丈夫です。**日本では、野垂れ死にするほうが難しい！**

あまり一人で抱え込まずに、公的機関に相談してみれば、自分が知らなかっただけでいろいろな救済制度があるものです。

また、サラリーマンのように定職を得ていなくても、自分さえその気になれば生活費を稼ぐことは意外と簡単です。これは、第3章であらためてお話ししたいと思います。

3 年金生活でも預金する驚愕のおばあさん

これまでコンサルティングさせていただいたクライアントさんの中には、実は年配の方も少なくありません。

驚いてしまうのは、年金生活なのに、毎月その中から預金に回そうと一生懸命に節約しているおばあさん！

人生百年時代と言われますが、失礼ながらどう考えてもあと何十年も人生が続くわけではない。それでも、「何かあった時」のために備えているのです。

年金の中から必死にお金を貯めるよりも、人生を楽しくするために使ってしまったほうが有意義ですよね。**無理に使えとは言いませんが、少なくとも頑張って節約する必要はない。**

それでも、長く生きてきた方ほどお金は万能であるという思い込みが強いため、不安に備えようとするのです。それでかえって、せっかく貯めていたお金や親から受け継いでいた遺産を、聞こえのいい投資の話に引っかかってしまい、何千万も失うハメになることもあるから、要注意！

そういう方には、先ほど説明したように不安を取り除き、もっといいお金の稼ぎ方や使い方をお勧めしています。

たとえば、**地域貢献のアルバイトで、お小遣い程度に稼ぐ。収入がまったくないのが不安なら、それで十分ではないでしょうか**。

それからボランティア。地域のお祭りが好きだという方なら、神輿《みこし》を担ぐ人におにぎりの差し入れをしてもいいし、お花が好きな方なら地域の緑化推進運動に関わってみる。

地域の人と関わることで、孤独になりがちな高齢者も社会に居場所を見つけられて、生き生きと暮らせます。何より、人の役に立てると、人はキラキラと輝けるものです。

年金から預金するぐらいなので、生活に困っているわけではないですよね。だったら、地域貢献でなくても何でもいいので、その人にとって楽しい時間を過ごすためにお金を使うことが大切です。

海外旅行が好きなら、毎年行ってもいい。

油絵を習って、庭の風景を描いてもいい。何年後かに、個展を開く夢を持つのも素敵です。

孫がかわいいなら、定期的に一緒にディズニーランドに行く。

自分史を自費出版して、生きた証《あかし》を残しておきたいという方もいます。

結構まとまった額が貯まっているなら、生前贈与もいいですね。

もう莫大な教育費がかかるわけでも、マイホームを建てなければいけないわけでもないなら、自分が素敵な時間を過ごすことを考えましょう。

楽しい時間を過ごすことは、年金暮らしの方に限らず、誰にとってもとても大切なことです。いい時間を過ごしていると、家族をはじめ周囲の人との関係が良くなります。

すると、家庭も上手くいくし仕事も上手くいくようになる。これはもう、絶対的な摂理です。

逆に、楽しい時間に着目せずに、とにかく預金残高ばかりを意識していると、残高は減っていくもの。お金そのものに価値があるわけではないのに、**お金ばかりを追い求めて自分自身や人間関係の価値をないがしろにすると、豊かさを失うということ**です。

預金残高よりも、自分が楽しい日々を過ごすことにぜひフォーカスしてください。

4 意味のない預金残高は、減っても増えても不安

本章の冒頭でお話ししたように、目的があって預金することには意味があります。でも、ほとんどの人は、具体的な目的がないまま闇雲にお金を貯めようとしています。

具体的な目的がないと、いくら貯めればいいのかわからない。すると、目標金額の設定ができないので、いくら貯めても不安は解消されません。

つまり、預金が減れば不安になるというだけでなく、増えても「これで安心できるかどうかわからない」と不安なままなのです。

大事なのは、できるだけ具体的に目標設定をすることです。

たとえば「老後に備えておきたい」のなら、どんな老後を過ごしたいのかを思い描かなければいくら必要なのかがわかりません。

温泉地のリゾートマンションに移り住みたいとか、田舎に引きこもってYouTubeやNetflixを観ていられれば幸せとか、週に一度は銀座に出かけたいとか、人によって夢見る老後はそれぞれです。そして、目的によって必要な金額はまったく違ってきますよね。

2019年には金融審議会が「老後には2000万円必要」と報告しましたが、この報告書は、あくまで日本全体の平均的な状況をざっくりと考察したもので、個人の生活スタイルや嗜好の違いはまったく考慮されていません。また、インフレ率や経済成長率、平均余命など、さまざまな仮定のもとにシミュレーションがなされたものです。**現実にあなたが老後にどんな生活を送るのか、そして、どんな備えをするかはあなた自身が描かなくてはなりません**。

クライアントさんの中に、「私は3000万円の介護付き老人ホームに入りたい！」という主婦の方がいらっしゃいました。そういう場合は、3000万円プラスαの金額を貯めれば、もうそれで十分です。

また、老後に備えて長期的にお金を貯める場合と、子どもの教育資金を中期的に貯めなければならない時では、増やす方法も違います。

自分にはいったい、いつまでに、いくら必要なのか。それがしっかりわかれば、それ以上に貯め込む必要はないということです。

その目標額がわからずに貯めていると、「ハワイに行きたいけど、我慢したほうがいいかな。行っちゃってもいいかな」というように、**常に迷うか、とにかく我慢するかになってしまいます。それでは、楽しくないですよね。**

私は、迷ったり我慢したりするより、もうさっさと行っちゃえよ！って思います。行きたいなら行ったほうが、楽しいし思い出も残る。また、誰もが否定できない可能性として、明日死んだら、いったいどうするつもりなのでしょうか？

目標額というゴールに到達するために、ハワイへの旅行代ぐらいならそんなに影響しないはずです。そんなことより、考えてみればムダなお金の使い方はいくらでもありますから、そちらを節約すればいいでしょう。

とにかく、ＧＰＳも海図もないのに、広い海に船で漕ぎ出すのは怖いですよね。ゴールを決めずにただ預金を増やそうとするのは、そういうことです。無理に海に漕ぎ出しても、ロクなことがありません。

よく会社経営者などで、かなり稼いで成功したような人に多い失敗が、ただもっとお金を増やしたいと考えて、一見オイシイ話に乗っかってしまうこと。

事業の成功に気を良くしていると、暗号資産（仮想通貨）みたいなキラキラした投資やＦＸ（為替）のトレーディングなど、〝目的も基準もなく取り組むべき〟に考えなしで手を出して、あっという間に１０００万円が１００万円に減ってしまう。よくある話です。

暗号資産もＦＸも、それ自体が悪いわけでは決してありません。ただ、よく考えもせずに手を出すべきではないということだけは、理解しておくべきでしょう。

でも、目的のないお金は、結局はそんなふうになくなってしまうものだと思います。目的がないから、増やすための基準を持っていない。深く考えないから、怪しい話もなんとなく魅力的に思えてしまうわけです。

結局は、なくても構わないお金だったのです。何かに使おうとしていたわけではないから、なくなっても「うわあ！」と思うだけで実害はないですよね。

投資に失敗しなくても、気がつけば家族や親族、友人のトラブルに巻き込まれて、使い込まれたり搾取されたりすることが多いもの。不思議なことに、目的のないお金は本当にその存在が消えてなくなってしまうのです。

5

毎月給料日前は、預金残高をゼロにせよ！

目的があるのなら、それに必要な分だけのお金を貯める！　それ以外は貯める必要ナシ！

これを実践するためには、**必要なお金を貯める運用口座と、日常を支える生活費口座との「口座二本立て」にすると便利です**。そして、**生活費口座は毎月の給料日前には、残高ゼロにする。これが理想です**。

口座の二本立てとは、つまり「投資」と「消費」に分けて利用しようということです。目的のための運用口座は「投資」のお金であり、生きていくために使わなくてはならない生活費口座は「消費」のお金になります。

そして、「消費」する分は貯める必要はまったくなく、もし余るようなら運用口座に移す、あるいは楽しく使い切ることをお勧めしたいのです。

これができれば、毎月の給料日前には生活費口座の預金残高がゼロになります。ゼロになるよう心がけると、いつの間にかお金の使い方が上手になっていくのです。

なぜなら、「目的に向かって運用口座にお金を回す」ことと、「楽しくお金を使う」ことを両立させるというのは、計画的にお金を管理することでもあるからです。

まず、運用口座にお金を回したいので、全部を使い切ってしまってはマズいということですよね。それなら、毎月の必要経費を正しく把握しておくことが大前提となります。

家賃(ローン)、食費、光熱費など、絶対に避けることのできない支出がありますよね。これらは、子どもの成長など状況に応じて変わっていく部分もあるので、見直しも必要です。

それと同時に、目的に向かってお金をつくるには、毎月どのぐらい運用口座にお金を入れなければならないかも考えます。いつまでにいくらの資産をつくるということがわかって、初めて毎月貯める金額も決めることができます。

収入から生活に必要な支出と運用するためのお金を差し引くと、自分が自由に楽しんで使えるお金の額がわかりますよね。それを、給料日前に残高ゼロになるように上手く使う。あるいは、できるだけ使わずに運用口座に回す。

こんなふうにお金を運用に回したり自分が楽しむために使ったりすることを心がけているうちに、ムダな支出が減っていきます。

気の進まない飲み会の2次会まで行って、飲み過ぎてタクシーで家に帰る。翌日は気分が悪いし、飲み会でどんな話をしたのかも記憶にない。タクシー代も含めたら2万円も使ってしまったし、家族の機嫌も悪い……。

私自身、こんなお金の使い方はしなくなりました。もちろん、バカらしくても楽しい時間や、ムダだったけど経験になるということもあるので、それを否定はしません。ただ、まったく意味のないお金は使わなくなります。

そうやってお金の使い方の質が上がっていけば、いつの間にかお金と仲良くなれて、お金がそばにいてくれるようになるのです。

6

残高をゼロにするために習慣づけたいこと

では、もう少し具体的に「残高ゼロ」を目指して何をすればいいかを考えてみましょう。

消費するにせよ運用に回すにせよ、先ほど説明したように、月々の経費の総額を知っておく必要があります。

- 家賃（住宅ローン）
- 食費
- 光熱費
- 通信費
- 教育費

少なくとも、このぐらいの出費の総額は把握しておきましょう。その分だけ予算を割り当てたら、月の途中でも見直しをして、予算をオーバーしないように気をつけてください。

こうした家計の管理に便利なのは、もちろん昔からの家庭の味方、家計簿です。今は家計簿アプリもたくさんあるので、手軽にチェックができます。

もちろん私も家計簿アプリを使っていて、アプリを見るのが趣味のようになっています。最低でも2、3日に一度は見ますし、毎日見ることも珍しくありません。Facebookを見る感覚と同じですね。

アプリを見るのが習慣化すると、だんだんRPG(ロールプレイングゲーム)にハマるように楽しくなってきます。

「今月は支出が半分になった! やったー!」

みたいな感じです。

家計簿は、予算以内に実額を抑えるという意味だけでなく、何にどれだけお金を使ったかという履歴がわかりやすいところが大きなメリットになっています。

つまり、使ったお金に意味があったのかなかったのかが、ひと目でわかるのです。前項で「意味のないお金は使わなくなる」と述べましたが、家計簿アプリがそれを後押ししてくれます。

憧れて買ったブランドもののバッグ。持って行く場所がなくて、結局使っていないけれど、35万円も払っていた！

大しておいしくもない食事をしながら、愚痴を聞かされた。あの会食代が1万円だったなんて！

数字としてまざまざと見せつけられるのです。そして、こんなことにお金を使うよりも、バーベキューやホームパーティーで大切な人と過ごすほうがずっといいことにも気づけます。

私も、今ではすっかりお金の使い方が上手くなりました。特に自分でも「良かった！」と満足したのは、暑い8月の1ヶ月間、軽井沢の別荘を借りて家族と過ごしたことです。

ある程度のまとまった金額はかかりますが、涼しくて仕事がはかどり、家族も喜んでくれて一緒に楽しむことができました。一生の思い出にも残ります。いいことずくめで、まさに意味のあるお金の使い方でした。

また、**お金をあまりかけなくても、楽しみをどんどん見つけられるようになっていきました**。

たとえば、読書。もともと本が好きですが、もっと読書により時間を割くようになりました。本は、たくさん買ってもそれほど高額にはなりません。

それから、果実酒をつくるようにもなりました。どのビンで果物をお酒に漬けようか……。ビン選びのところから、もう楽しくてワクワクします。

お気に入りのビンを見つけたら、煮沸をして、漬けるお酒を選んで、果実の皮をむいて漬け込む。大したお金もかからず、つくる作業自体を楽しみ、飲み頃になればレモン酒やオレンジ酒がおいしく味わえます。最高ですよ！

今、もし家計簿をつけていないのであれば、すぐにアプリをインストールしてみてください。

家計を管理し、お金を使い過ぎていないかマメにチェックして、使い方を考えましょう。そうすれば、自分にとって有意義なお金を使うことができますし、ムダが減っていきます。

7 毎月残高をゼロにすると、セミリタイアが近づく!

質の高いお金の使い方をすると、楽しく過ごせてムダは減り、ムダが減った分だけ運用口座にお金を回せるようになります。

日本人はお金の運用をリスクと捉える人が多く、生活費口座の預金残高を増やそうとする傾向にありますが、そもそもそれが間違っているのです。

運用のリスクはゼロではなく、株価が下がる時には当然資産が減ることもあるので、ある程度は中・長期的に考えることは必要です。ただ、ちゃんと選べば、年に5~10%のリターンが見込める商品はあります。

たとえば、**海外の積立投資商品に注目してみましょう**。これは、毎月一定の額を所定の期間、継続的に海外で投資しながら、中・長期的に資産運用と保全をしてくれるパッケージ型の投資商品です。探してみれば、たとえばイギリスやスイスの政府から認可を受けている資産運用のプラットフォーム事業を展開する会社はたくさんあり、こうした投資商品を提供しています。

これらの商品は、積立金を投資のプロフェッショナルが運用してくれるため、自分で「どの投資商品を選ぼうか」と頭を悩ませる必要はありません。手数料もリーズナブルで、海外の非課税エリアを利用した投資になるため、運用中の税金負担も避けることができます。

積立型で、積立金額をいつでも変更することが可能なので、無理なく続けることもできます。また、**積み立てそのもののメリットとして「タイミングのリスク」がない**ことが挙げられます。一度に資金をつぎ込むと、そのタイミングで価格が固定され、損益に大きく影響しますが、**積み立てなら月ごとにリスクをならしていける**のです。

国内の証券口座やNISA（少額投資非課税制度）やiDeCo（個人型確定拠出年金）がダメなわけではありませんが、自分で投資信託を選ばなくてはなら

大きな買いものをする前に思い出すべきこと

☑早く脱サラするほうが資金が少なくて済む?!

☑65歳の5000万円は、40歳の921万円(！)

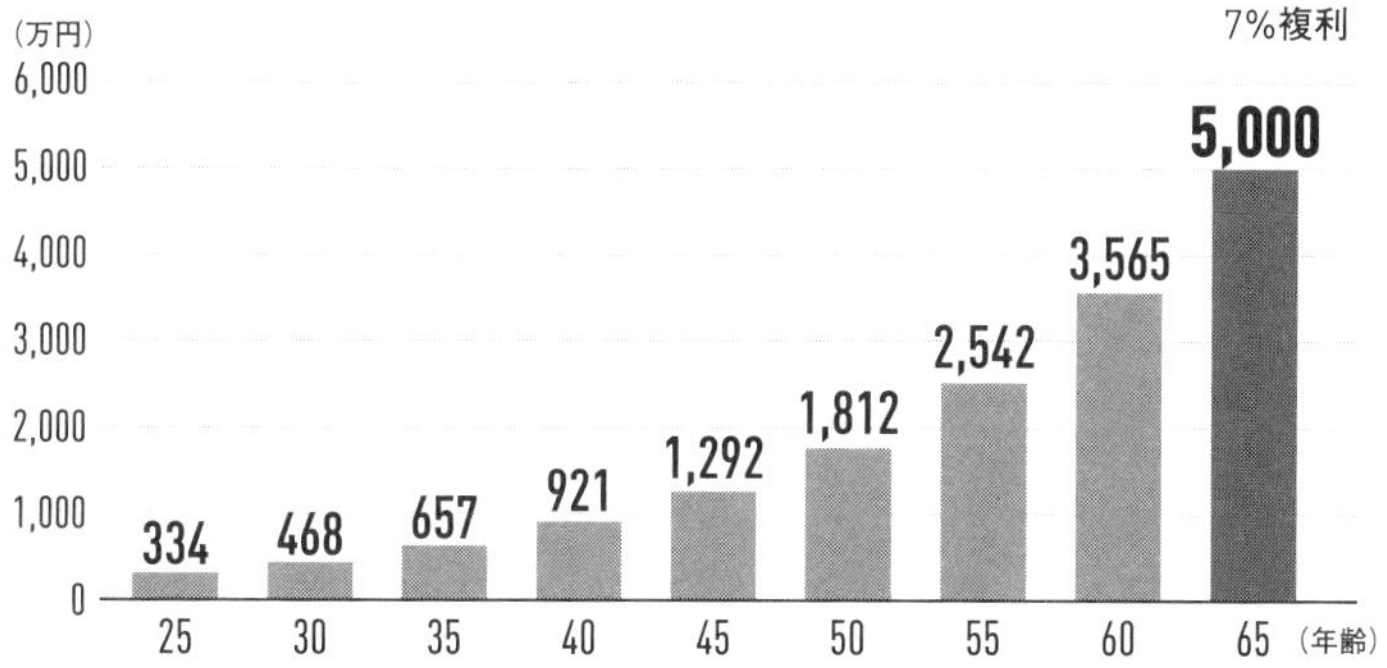

ないとか、手数料が高いなど、面倒くさい部分はあります。

こうした中・長期の運用がいいのは、複利で資産がふくらんでいくからです。

複利の力は大きくて、実際の積立額よりもずっと資産が増えるようになっています。

上の表をご覧ください。７％複利で65歳で５０００万円を手にしようと思ったら、40歳の時に９２１万円あればいいのです。**若い時に運用を始めれば、それだけ元手は少なくて済み、65歳の５０００万円は、なんと25歳の３３４万円と同じ！** 複利で劇的に増えることがわかります。

ウォーレン・バフェット氏の純資産の推移

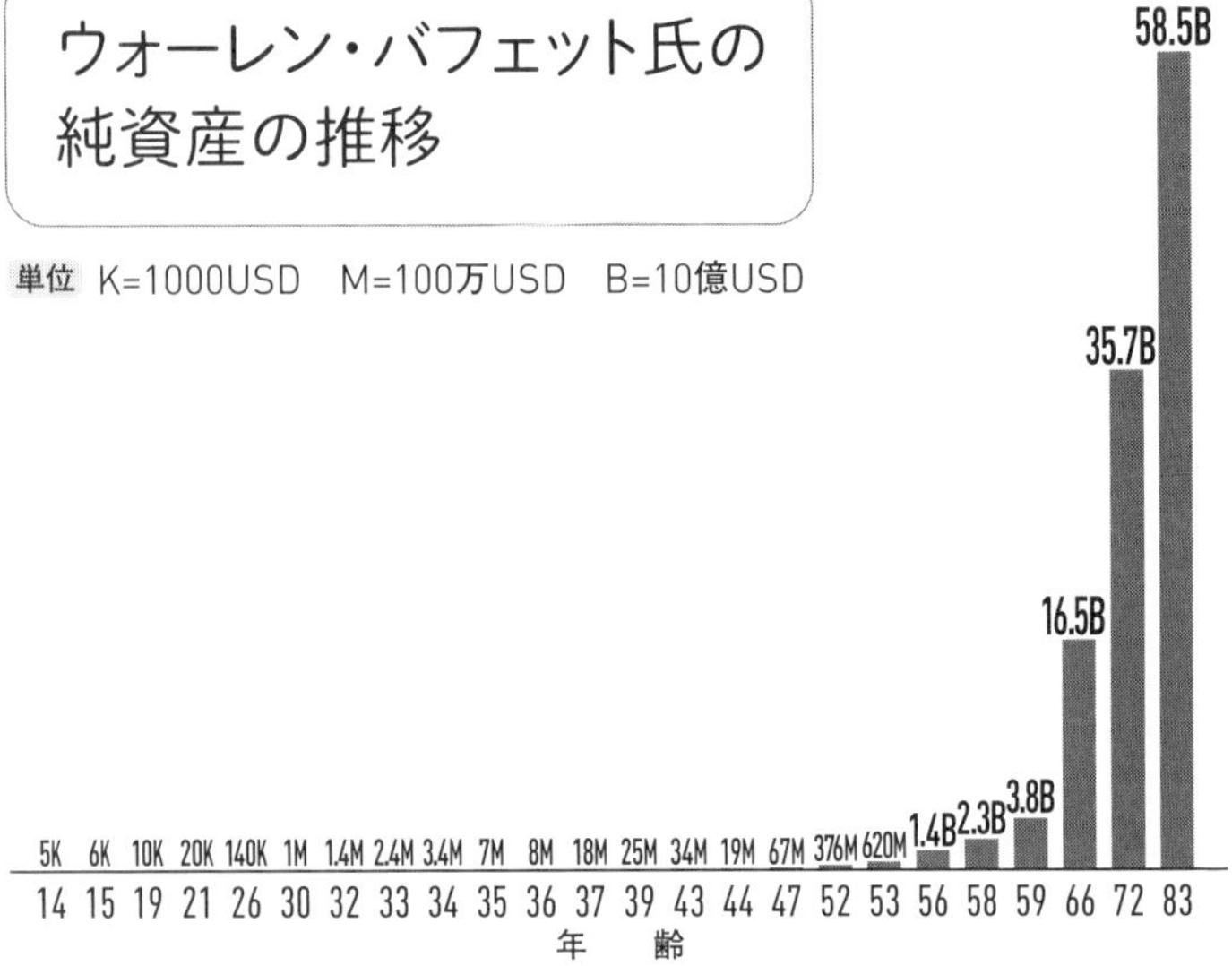

巨万の富を築いた稀代の投資家、ウォーレン・バフェット氏をご存知でしょうか。90歳を超えましたが、いまだに株式市場ではバフェット氏の動向が大きな影響力を持っているほどです。

バフェット氏はいわゆる「しぶちん」なのですが、それは我慢ではなく倹約生活が好きなのです。そして、きちんと投資の勉強をして、ムダに使わなかったお金を若い頃から運用していました。

コツコツと運用した結果、50歳を過ぎたら複利でどんどん資産が増えていったと言います。

それから、9億円もの遺産を遺して亡くなったロナルド・リード氏の逸話は、必ずしも収入が高い人でなくても、誰でも億万長者になることができると教えてくれます。

ロナルド氏が有名になったのは、2014年に92歳で亡くなった時。**ガソリンスタンドの店員やデパートの用務員として働き、完全に労働者階級に属していたロナルドさんが、驚くことに約9億円という高額な遺産を遺したからです**。

裕福な家庭に生まれたわけでも、大企業に勤めるエリートだったわけでも、アイディアと行動力に優れた起業家だったわけでもありません。ただ、コツコツと株式投資を続け、配当金もまた投資に充てて複利を得ていただけ。

彼は終生、コツコツと投資を続けて質素に暮らしていたそうなので、おそらく目的があってお金を増やしたかったのではないかもしれません。そして、自分の楽しみのためにお金を使うこともなく、遺産はご家族や最期を過ごした施設に寄付されました。

ロナルド氏がどういった目的で資産づくりをしていたのか、はっきりとはわかりませんが、純粋に倹約と投資が楽しかったのだと思います。はた目からは理解しがたくても、自分の好きなことをしたいという気持ちを叶えていたのならいいのではないでしょうか。

お金を生きているうちに使わず大切な人に遺したことは、私の考え方とはズレてしまいますが、どんな人でも億万長者になれる好例としてはぜひご紹介したい人物でした。

バフェット氏もロナルド氏も、ムダなお金は使わずに投資に回し、複利で資産を大きく増やしました。

みなさんも、**楽しいことは我慢しなくてもいいので、ムダを減らしてお金が余ったら運用口座に回して生活費口座をゼロにしましょう！**　そうすれば資産が増えて、労働の対価としてのお金をガツガツ稼ぐ必要がなくなります。

つまり、セミリタイアが近づくというわけです。セミリタイアしたら、趣味を仕事にしたり社会貢献をしたり、好きなライフスタイルを選べます。

投資

column 1

「もしもの時の備え」保険って本当に必要？

「社会人になったら保険に入らなくちゃ」

そう思って、なんとなく保険に加入している人がたくさんいます。

でも、それははたして正しいのでしょうか。

保険も、預金残高と同様に「何かあった時のために」という備えですよね。本当に必要なのか考えてみましょう。

まず、保険会社は決してボランティアで保険金を出すわけではありません。

人件費を払い、有名な芸能人が出演して全国に流れるＣＭや新聞広告といった巨額の広告費を投じても、絶対に利益が出るようになっています。

だから「何かあった時」に支払わねばならない【保険金】と【保険金を払う確率】を掛け合わせ、絶対に損をしないようにプ口が計算して保険料を設定しています。

つまり**加入者側からしてみれば、計算に間違いがなければ、平均的に必ず損をするようにできている**のです。

それでも、扶養家族を遺して自分の命が尽きた場合を考えると、生命保険には入っておきたい気持ちはわかります。

そういう時は、遺した扶養家族に今後はどのぐらい生活費用が必要かを計算し、それだけの資産を持っていない場合のみ保険契約しましょう。

すでに資産があれば、不要です。すぐに解約して保険料というムダを省いたほうがいいでしょう。

そして、子どもの学費がかからなくなるとか、独立するとか、年齢が上がっていってパートナーの余生も短くなっていくなど、時間とともに家庭の状況はどんどん変わっていくため、定期的な

column 1

「もしもの時の備え」保険って本当に必要？

見直しをするといいですね。

医療保険については、本文でも説明したように、日本は国民皆保険制度が整っているので、わざわざ個別の保険に入る必要性は高くありません。

一方、保険を金融商品と捉えて、運用に期待して加入する方もいます。

しかし、本文でご紹介した海外の積立投資のように、もっと利回りのいい商品がいくらでもあります。

保険は通常、積立額を変更できませんが、海外積立投資では投資額をいつでも変更できるので、家計の状況に合わせやすいというメリットもあります。

掛け金の分だけ節税になるという方もいますが、それはせいぜい「おまけ」程度です。

節税額を大切にするより、もっと大きな掛け金の分を、より有効活用するほうがいいと思いませんか？

いかがでしょう。

生命保険の加入は慎重に検討して定期的に見直しをする、そして医療保険は不要。これを、多くの方に知っていただきたいのです。

chapter 2

ムダな支出・持ちものから自由になる!

第2章

自分にとって、この支出は本当に必要なのか？
それを常に考えていますか？
生活の中で、お金を払う場面は無数にありますが、
そのたびに、しっかり必要性を考えてみましょう。
知らないうちに、いかにムダな買いものをしていることか。
自覚するのは難しいけれど、
それができたらお金の使い方が洗練されていきます！

1

ムダな支出・持ちものをなくし、お金の使い方を洗練させる

前章で、家計簿をつけて支出を管理するご提案をしましたが、ムダな支出をしないことは、「お金」という実体のない情報に振り回されずに豊かに生きていくために、とても大切なことです。

自分にとって意味のない支出をしないことによって、ムダなものを持たないことにもなります。

そして、ムダな支出をしないように心がけたり、ムダなものを持たないように意識することは、とりあえずお金を貯めておくために節約することとはまったく違います。

節約ではなく、お金の使い方を「洗練させる」ということなのです。

服装やインテリアの趣味が洗練されている人って、カッコいいですよね。そういう人たちは、自分の目で選び抜いたもので自分の世界観をつくっています。

そして、生活スタイルの変化や自分自身が成長していくことに伴って、「もう必要ない」というものは手放していって、その時の自分に最善のセンスで自分を表現できています。

お金の使い方もこれと同じで、支出したりものを買ったりする時に、選び抜くことが大切。そして、いらないものは持たないことです。

とはいえ、洗練は一朝一夕に身につくものではありません。

今、すごくおしゃれなインフルエンサーにしても、もともと趣味がいいという人もいるかもしれませんが、失敗をくり返して洗練されていった人がたくさんいることでしょう。

ましてやお金の場合、おしゃれと違って、はじめから素質を持っている人は少ないのです。

私自身も失敗をくり返してきましたし、多くのクライアントさんたちを見ていても「ほぼいない」と言い切れるぐらい、みなさん生まれながらにお金のセンスに恵まれているというわけではありません。

思い返してみれば、その時の気分に流されて必要のないものにお金を使ってしまった経験がたくさんあるという人がほとんどではないでしょうか。

たとえば、私自身のムダを思い出してみると、代表的な例はお酒です。

サラリーマン時代、職場の人たちとなんとなく成り行きで安酒を飲みに行き、酔いが顔色にちっとも表れないので、勧められるままにいつまでも飲み続ける。

そこでの会話は、仕事の愚痴やうわさ話で生産性もなく、実は楽しくなかったし思い出にもならない。

別にくだらない会話しかしなくても、それが「楽しかった！　仲間っていいな」と思えたら意味はありますが、私の場合はそうでないことのほうが多かったです。

こんなことを10回くり返すより、ミシュランガイドに載っているような、高額だけれど雰囲気も味も素晴らしい店で1回食事をするほうが、どれだけ気分も上がって思い出に残ることかと思います。

みなさんも、よく考えてみてください。

支出のムダをなくそうとするだけで、お金の面だけでなく生活までもがガラリと変わるのです。

わかりやすいように、いくつか例を挙げてみます。

誰と一緒に過ごすか

遊びに行くのも食事をするのも、本当に一緒に過ごしたい人と行くのか。その人と一緒にいると、楽しかったり癒されたりするのか。

新型コロナウイルス感染拡大の影響で人と会う機会が減っている間に、別に会わなくても済む人が意外と多いことに気づき始めていませんか？

ただなんとなくつき合いで人と会い、そこでお金を使うよりも、今の私なら家族と過ごして家族のためにお金を使いたいです。

レジャー・旅行

レジャーに支出するなら、「本当に記憶に残るかな？」「楽しめるかな？」と考えてみてください。

旅行も、いつも同じような場所、同じような宿、同じような体験をするよりは、たとえ高額になっても、たとえば秘境のこだわりの温泉宿に行くとか、自然あふれる環境のロッジを貸し切って家族で過ごすなど、特別な体験を求めてみてはどうでしょう。

高級品

高級品の意味とは、何でしょうか。

本当にそれが好き。だから持っていると気分が上がる！　それなら意味がありますよね。

また、ルイ・ヴィトンのようなブランド品はつくりが良くて、長く使えるから持ちたいということもあると思います。

一方で、ただ単に「高級品だから」欲しいという気持ちで手に入れようとする人もいるのではないでしょうか。

それを持つ自分までレベルアップできる気がするとか、それを持っていれば一目置かれるなど、そういう理由で欲しいのなら、あまり意味はありません。

私自身、高級腕時計が欲しくてたくさん買った時期がありますから、気持ちはよくわかります。

でも、時間を確認するのに高級な時計である必要はないことに気づいたわけです。

時間なんて、スマホ見ればわかるじゃん？

結局私は、**時計そのものに価値を感じていたわけではなく、それを持っている自分に酔いしれていただけ**だったのです。

それがわかってから、私は時計を全部売ってしまいました。買った時は嬉しかったので、それを後悔はしていませんが、気づいたらムダな持ちものになっていたということです。

マイホーム

マイホームは、ハッキリ言って、骨をうずめたいほど好きな場所がある方以外は、買う必要はありません。つまり、ほとんどの人には必要ないのです。

一番の理由は、あなたの最高の人生の足かせになるからです。**もし、あなたの心がときめく素敵な場所を別に見つけてしまった時、あなたはすぐに引っ越すべきです。しかし、マイホームがあると、それをためらう大きな理由になってしまうのです**。もちろん、貸したり売ったりすることはできますが、いざ、そうしたいと思った時に、期待通りの条件になるかどうかはわかりません。

さらに、メンテナンスや修繕の費用もかかる。お金が入ってくるのではなく、出ていく持ちものを、資産づくりの世界では「負債」と呼びます。

ただ、両親の近くに住みたいとか、たとえば海辺に絶対住みたい最高の場所が決まっていてこだわりの間取りがあるなど、そういう場合は買えばいいと思います。

きちんとした買いたい理由があるのなら、しっかり選び抜く努力を惜しまず、いい買いものにしてください。

家電・端末

家電やパソコン、スマホなどを買う時には、自分が使いこなせる機能が備わっているものを選べばいいですね。

つい、「これもできる、あれもできる!」というセールストークに惑わされそうになりますが、冷静になって考えると、使いこなせない機能ばかりということはありませんか?

同じように、各種通信料金のプランなども、自分が使う分をカバーできれば十分です。

2 資本主義では、財布が空っぽになるまで買いものをするハメになる

私たちは、自由競争によって利益を追求し、経済活動を行う社会に生きています。つまりこれが、資本主義です。

成長資本主義（成長を追求するタイプの資本主義）社会で経済活動を大きくしていくためには、商品やサービスを生産して、それを消費者に消費してもらい、利益を得てさらに拡大再生産をしていかなくてはなりません。

簡単に言えば、消費者にとって魅力的な商品やサービスをつくって売るのですが、**実際にその商品やサービスに本当に魅力があるかどうかは、実はあまり関係ありません**。

消費者が魅力的だと「感じれば」売れます。そして、売れれば、利益が出る。

そこで、売るために、あの手この手で消費者に働きかけるのです。

- **いかに素晴らしい商品やサービスなのか、ということを広告でアピールする。**
- **SNSで発信する。**
- **口コミが広がる工夫をする。**
- **イメージ戦略を打つ。**

いいものさえつくっていれば売れる! という職人気質はカッコいいですが、いいものが人に知られないままだったら絶対に売れません。

一方で、ネットなど情報ツールの発達で、ブレイクすればあっという間に広がる時代でもあります。

だからこそ、資本主義社会で経済活動をしていく限り、売り手が消費者に必死でアピールしていくのは当然のことです。

消費者側は、買わされる立場でそのアピール合戦に巻き込まれていきます。

たとえば、家に帰ると優しい家族が待っていて、一緒にあたたかい料理を楽しむような住宅メーカーのコマーシャル。

別に**賃貸の集合住宅だって、優しい家族やあたたかい料理は手に入るわけで、あんなに立派な箱ものが必要なわけではないのに、「これが夢のマイホームか」と思わされてしまいます**。

お正月やバレンタインデー、クリスマスなどのイベントがある時期には、デパートやショッピングセンターで催事が開かれ、「みんな買うのが当たり前！」という気分にさせられます。

また、ひとつの商品カテゴリの中にも、買える能力に応じたさまざまなグレードのものが用意されています。

たとえば、スーツ・腕時計・クルマなども、非常にリーズナブルなものから細かく段階を踏んで、超高級品までがラインアップされています。あなたが仕事で成功して収入を増やしていけばいくほど、収入に合わせて少しずつ価格が高いものを買っていくことになってしまうのです。

自分自身でムダな支出をしないように意識していなければ、知らないうちに財布が空っぽになるまで買いものをしていた、ということになりかねません。

3 「良い支出」と「悪い支出」を見分けるシンプルな方法

では、どうすればムダな支出をせずに済むのでしょうか。

お金の使い方は、よく**「投資・消費・浪費」**と3つに分けて語られます。

投資は将来に役立つお金の使い方、消費は生活のために必要な支出、浪費はなくても困らないもののためにお金を使うこと。

単純に、「ムダな支出をなくすには、浪費をしなければいいのかな」と考えがちですが、それは少し違います。

なくても困らない浪費と言えるものであっても、それが楽しかったり生活に潤いを与えてくれるものならば、削る必要はありません。

ですから、**もっと単純に「良い支出」と「悪い支出」に二分して、悪い支出のほうを少しずつでも減らしていくようにすることが大事**です。

そのためには、良い支出と悪い支出を見分けられなければいけません。どうすれば良いのでしょうか。

見分けるのは簡単。それは、**「本当に自分が楽しい・嬉しいと思えるかどうか」**です。

お金を使う瞬間、楽しいとか嬉しいと感じられたら、良い支出。そうでなければ悪い支出。それで判断することができます。

たとえば車を買う場合、「別に必要なわけではないけれど、とりあえず車があれば便利なこともあるだろうから」と軽自動車を買うのと、「ハンドルを握るだけでワクワクする! 性能がいいから走りが最高!」とココロがときめく高級外車を買うのとではどうでしょう。

高級外車は、軽自動車とは比べものにならないほど支出が高額になるかもしれません。でも、あなたが楽しい気分になれるなら良い支出であり、「とりあえず」で買う軽自動車のほうが悪い支出になります。

見分けるポイントは金額ではなく、一般的な意味での浪費かどうかもまったく関係ありません。ただ楽しい・嬉しいといった気分で判断しましょう。

そして、良い・悪いの価値観は、お金の使い方を学習してレベルアップしていくうちに、だんだんと変化していくものだということもお伝えしておきます。

前述したように、私は高級腕時計に価値を感じていた時期がありましたが、今となっては高級腕時計を「良い支出」とは思えません。ただ、買った当時は嬉しかったので、その時には確かに「良い支出」でした。

同様に、以前は買って飲むのが楽しみだった超高級ワイン。世界を広げるため、どんどん値段が高いものへとトライしていきました。しかし、今では、それなりの値段でもおいしいワインはあるので、超高級ワインは祝いごとがある時にだけ買えばいいやと考えが変わりました。

このように、どんどんお金の使い方が洗練されて価値観は変わっていきます。

高級腕時計も高級ワインも、当時、買う時に楽しかったからそれでいいですし、所有する経験をしてみなければその価値に触れることすらできません。

だから、**「これを買ったら楽しいだろうな」と思って買ってみることは悪い支出ではありません。**経験を積み重ねて、ブラッシュアップしていきましょう。

4 私がたった1円すら悪い支出には回そうと思わない理由

むやみにお金を使わされる資本主義社会の中で、私自身も長い時間をかけて苦労しながらお金の使い方を洗練させる努力をしてきました。「良い支出」に絞ることは、本当に難しかったです。しかし、今となってはもう、たった1円すら悪い支出には回したくないです。

その理由のひとつは、単純にお金の使い方のレベルを上げることが大切だからです。生活や生き方に関わる大事な要素であることは、これまでの説明でおわかりいただけたと思います。

もうひとつ大切な理由があります。悪い支出にお金を回すことは、すなわちお金を雑に扱うことであって、そんなことをしている人にはお金を持つ資格がなくなっていくからです。

たとえ大金を稼ぐ人であっても、考えもせずにいろいろなものを買ったり、欲を出してよく調べもせずに投資をしたりすれば、お金を持つ資格をどんどん失っていきます。

これを科学的に実証するのは難しいのですが、これまでに投資家・資産づくりのコンサルタントとしてたくさんのクライアントさんやビリオネアと接してきた経験から、確信を持って言えます。

会社経営が上手くいっている時期にたくさん稼いで、お金に余裕ができたことでどんどんお金の使い方が雑になっていく経営者を見かけることがあります。

以前ならよく考え、吟味して支出をするかどうか決めていた人が、お金がたくさん手に入ったら、大して考えもせずに「お金ならあるから」と簡単に使ってしまう。

そういう人は、後に会社が傾いたり家庭が崩壊したり、何かしらトラブルを抱えてお金が離れていきます。

不思議なことにそういう例はたくさんあり、やはり因果関係があると思わざるを得ません。

ひるがえって、長い間上手く会社を経営しているとか、投資で長年成功しているなど、**お金に困った経験がないという人は、良い支出ができる人**です。

お金持ちなのだから5000円や1万円程度のスニーカーなんてすぐ買えるのに、「このスニーカーを買ってもいいものか……。履く機会はどのぐらいあるかな？　今のスニーカーをもう少し履いてもいいかな？」と真剣に考えるのです。

すぐに「これはいい！」と飛びつくのではなく、地に足をつけることが生き方の前提であることをわかっている人たち。私は、1円すら悪い支出に回さずに、こちら側の人間になりたいのです。

みなさんも、「自分はどうありたいのか」をぜひ考えてみてください。

「お金について考えることは、自分の生き方や価値観を見直すこと」そう言っても、決して大げさではないと思います。

特に、新型コロナウイルスの世界的流行を経験したことで、都会に住んで仕事をする以外の生き方もあるなど、生き方の多様性の魅力について多くの人が気づき始めました。

自分にとって、何が幸せなのか。よく考えて、その幸せのために良い支出をする。これからの時代は、それができる人が本当の意味での勝ち組になるのかもしれません。

5 悪い支出を抑えると、セミリタイアが圧倒的に近づく仕組み

第1章の「毎月残高をゼロにすると、セミリタイアが近づく！」の中で、中・長期的に投資をすることで生活のための資金を確保できるので、セミリタイアが近づくというお話をしました。

投資は確かに、労働の対価でしかお金を得られないと思っている人たちにとって新たなツールになりますから、知識を身につけて挑戦する価値のあることだと思っています。

でも、**実はもっと簡単にセミリタイアが近づく方法もあると私は考えていて、それが「悪い支出を抑える」こと**なのです。

そもそも、人は生きていくためにそれほどお金を必要としていません。そのことに気づける

かどうかがポイントです。

たとえば高級レストランでの食事。お祝いごとなど特別な時に行くのはいいですが、日常的に行く必要はないわけですよね。

値段と料理の味は必ずしも比例しないので、グルメの人だって高級レストランでなければ満足できない、ということはないはず。

しょっちゅう高級店に行く必要があるのは、そういうお店のインテリアが大好き！　とか、雰囲気を味わうことで癒されたいなど、特に精神的・感情的な喜びを得られる人ぐらいではないでしょうか。

それから、土地も物価も高い場所での生活。

本当にそこに住む必要があるのかどうか、考えてみてもいいかもしれません。

ずっとその土地に住んでいて離れがたいとか、自分のやりたい仕事のためにはそこに住むメリットがあるなど、納得できる理由はありますか？

勤務先を理由に都内から離れられない人は多いようですが、テレワークも可能な時代になってきていますし、その会社でなければダメなのかどうかも、検討してみるといいと思います。

支出を精査して悪い支出を減らしていくと、あまりお金が必要でないことがわかってきます。すると、その分は自然と貯まっていくわけです。

これを投資に回すことを第1章でお勧めしていますが、そもそも支出額が減れば、投資で生活資金を賄《まかな》わなくても、支出を減らして貯まったお金で十分に暮らしていけるようになるのです。

私自身、もし、今すべてを失って丸裸になったとしても、ありがたいことに九州の片田舎に実家があります。

田舎の家は古いけれど広く、両親も持て余しているので、私たち家族が転がり込んでも部屋はなんとかあるだろう。

田んぼを所有しているから、よし、米が食えるぞ！

あとは光熱費と、娘の習いごとのお金ぐらいアルバイトか何かで稼げれば、なんとでもなる。

お金に執着しなければ、あくせく働かずに自由な生き方ができるのです。

あくまでも支出を精査するのであって、ケチになれということではありません。好きなものや自分が価値を感じるもののためには、支出をためらう必要はまったくないです。

ただ、精査する癖がついてくると、必要だと思い込んでいたものがどんどんそぎ落とされて、本当に好きなものだけが残っていきます。

新型コロナウイルス感染拡大の影響を受けて、自然とそういう精査ができるようになってきた人が増えています。**今は苦しい経済環境の中で、必要に迫られて精査せざるを得ない人も多いかもしれませんが、素晴らしい習慣だとぜひプラスに捉えてください。**

今こそ、身をもってお金の使い方を洗練させていく、いいタイミングなのです。

周囲にいらないもの、いらない習慣はないかどうか、見直すきっかけにしてみましょう。

都内のマンション、車、安い居酒屋で飲むビール、健康に悪いスナックやお菓子等々、いらないものは絶対にあるはずです。

そして、お金に対する執着から解放されたら、家を処分して南国の島で過ごすもよし、海辺や温泉地のリゾートマンションに生活の拠点を置くもよし。仕事を辞めて、ライフワークで興味のある事業にアルバイト程度に関わってもいい。

コーヒーが大好きだとしたら、豆にこだわって焙煎《ばいせん》所巡りをしてお気に入りを見つけ、高くてもそれを買う喜びを味わう。

金額的な意味でのお金持ちではないかもしれませんが、これこそ本当のお金の自由だと思いませんか?

ここまでの境地に至るのは実は簡単ではなく、私も死ぬほど試行錯誤をくり返しました。それでも、本書をきっかけに、みなさんもまず、その入口に立ってみてはいかがでしょう。

chapter

3

会社の給与・ポジションから自由になる!

第3章

○○株式会社の××部長で、
毎月毎月、きちんと給与が入ってくる。
そのことが、あなたの人生においてどれだけ意味を持ちますか?
会社の給与やポジションが、
あなたの幸せを保証してくれるわけではないのです。
そんなものに縛られるより、自由な場所で自由に時間を使い、
好きなものに囲まれる日々を手に入れましょう!

1 あなたは毎月の〝はした金〟にしがみついているだけ

第2章では支出についてお話ししてきましたが、ここでは収入に目を向けてみましょう。

最近は転職や起業をする人が増えてきたとはいえ、やはり日本はまだ、圧倒的にサラリーマンであることに安心感を見出す社会であると思います。

勤めている会社で成果を上げ、そこでのポジションを得て、安定的に給与が振り込まれる。それが、多くの日本人が正しいと考えている収入を得る方法です。

この図式を見ていて私が感じるのは、「日本企業の給与は、労働収入というよりも権利収入だな」ということです。

それは、労働の対価として収入を得ているというよりも、会社組織に所属することで毎月お金をもらう権利を得ているということ。完全な権利収入とは言いませんが、権利収入もどきではあると思います。

所属さえしていれば、とりあえず食いっぱぐれることはない。それが安心感となって、会社にしがみついていたいという人が多くいるのではないでしょうか。

ただ私は、不動産収入や本の印税といった他の一般的な権利収入とは違って、**会社から得られる権利収入もどきには、自分の時間と生命力を奪われているということも感じます**。

だからこそ、本当にそれでいいのか、あなたは毎月の〝はした金〟のために時間や生命力を奪われ続けていないのか、よく考えてみていただきたいのです。

もちろん、やりがいを持って会社勤めをしている人や、会社員生活が自分の性に合っていて楽しい人もいるでしょう。そういう人は、そのまま充実した日々を送ればいいだけです。

しかし、幸せそうに見えない人たちが世の中にはあふれています。会社の仕事はおもしろくもない。向いていない。やりがいを見出せない。そもそも社内環境が劣悪だ……。

こんな不満を抱えながら、毎月の給与を得る権利を捨てるのが怖くて、いつまでも会社にしがみついている人がたくさんいます。

人間はもともと、野山を駆け回り、食べるものを狩猟・採集して自由に生きていたわけですよね。

それが、農耕文化が成熟するにつれ、時間も生命力も田畑に注ぐことを運命づけられ、土地に縛られ、その場所をさまざまな脅威から守る生活へと変わっていきました。

土地に縛られる代わりに、とりあえず翌年も収穫を見込める。だから土地から離れられない。

これがまさに、多くの人がサラリーマンでいることにしがみつく原理です。

しかし、未来のことはわかりません。ものすごい雨不足で作物が育たないかもしれないし、台風で収穫直前の作物がすべてダメになるかもしれない。

それと同じで、**どんなに会社でのポジションを必死に守っていても、いつ、何が起きて会社が倒れないとも限りません**。

たとえば1990年以降のバブル崩壊や2008年のリーマンショック、2011年の東日本大震災、そして2020年に世界を襲った新型コロナウイルスの感染拡大など、私たちは何度も経済的破綻や景気後退を経験してきて、そこで多くの会社が社員を抱え切れなくなってきたのを実際に見ているはずです。

2
会社の肩書がなくなったら「ただの人」のあなた

もし会社という帰属先をなくしたら、あなたは何者になりますか？

無事に定年まで勤めあげることができたとして、「元○○社員」を大事に抱きしめていても、それは何の意味も持ちません。墓石にその肩書を刻むことなど、絶対にありませんから。

もちろん、会社勤めが悪いというわけではありません。上司や同僚、仲間がいて一緒に仕事に打ち込むコミュニティがあることが、その人に楽しさや生きがいを提供していることは否定しません。

ただ、そこにこだわる必要はまったくないということに気づいていただきたいだけです。**会**

社勤めだけがアイデンティティになったら、あまりにもつまらない。そう思いませんか？

毎月、給与をもらえるとか、決められた時間割の中で決められた業務をこなせばいいとか、レールの上を走るのがラクだと考える人は、外へ飛び出す勇気がないだけ。でも、そんなところに閉じこもっていても、実は安心感なんて幻に過ぎないのです。

だったら、〝はした金〟に縛られず、自由に生きたほうがずっと豊かなはずです。

会社の肩書がない「ただの人」になって定期収入がなくなったら、生活費が得られないのではないかと心配になりますか？

クライアントさんの中に40代後半の会社員の方がいて、会社が好きではないし仕事のやりがいもないというお話をずっと聞いていたので、「もう会社は辞めたらいかがですか」とアドバイスしました。

あまり軽はずみに「辞めたら」などとは言わないのですが、この方の場合は資産がかなりあり、お金の使い方も慎重で、定期収入がなくなっても十分に暮らしていけると踏んでのアドバイスでした。もう半年もの間、「辞めても大丈夫ですよ」と言い続けています。

しかし、まったく辞める気配がありません。「本当に会社がいやだ」とおっしゃっているのに。

新卒から20年以上も勤め続けている会社だそうで、他の世界を知らないので、そこから出るのは地球の外に飛び出すのと同じ感覚のようです。

この方のように、**見えない鎖で会社に縛りつけられている人はたくさんいます。ぜひ、その鎖を断ち切る勇気を持ってください。**

大丈夫です！　第1章でもお伝えしたとおり、社会保障制度が整った日本では、野垂れ死になんて滅多にできませんから。

確かに、人にどう助けを求めればいいのかわからないとか、助けを求める意思すら失ってしまっている場合もありますが、基本的には声を上げさえすれば絶対に助けてもらえます。

その点、日本はまだまだ捨てたものではありません。行政、家族、友だち、貧困問題に取り組むNPO法人など、必ず手を差し伸べてくれる人がいます。

そもそも、日本には真の貧困はほぼありません。世界には日本では信じられないような劣悪なスラム街で暮らす人々がいて、そういう環境と比較すれば、いくらでも暮らしていける社会だと言えます。

自ら家を捨てたり気力を失ったりしてホームレスになる人はいても、実は食べものや寝る場所といった生きるために必要な資源にアクセスしようと思えば、いくらでもできるのが福祉レベルが意外と高い日本の現状です。

3

会社勤めだけが人生の選択肢ではない

日本は長い間、終身雇用制度で経済活動を拡大してきた国です。今はかなり様子が変わってきたとはいえ、いずれ退職することを前提に学生時代に就職活動をしていた人は決して多くはないでしょう。

できれば長く勤めようと思いながら、社会経験がないので、なんとなく聞こえのいい会社を選びがちです。

まさに、私の会社選びもそうでした。世の中のことを何もわかっていなくて、「なんかカッコ良さそうだぞ！」と思った会社に就職しました。

そんな軽はずみな決断に、その先何年も縛られるのはバカげていますよね。たまたま自分に合っていたり仕事が楽しかったというのならばラッキーですが、何十年もずっとそういう恵まれた環境にい続けられるかどうかも疑問です。

もし、**「別に会社に縛られる必要はないんだ!」ということを真に理解し、他にいくらでも選択肢があるということを知れば、違う世界が見えてくるはずです。**

他の選択肢と言われても、ピンとこない人のために、いくつか例を挙げます。

転職

転職は景気に左右される部分があるので、2008年のリーマンショック以降、一度はかなり転職者数が減少しました。しかし、2010年からはゆるやかに増加を続け、総務省の発表によると、2019年の転職者数は351万人と過去最高となりました。

しかも転職理由としては「より良い条件の仕事を探すため」が増加しており、自分の生き方や仕事のやりがいを意識する人が増えてきていることがわかります。

もう昭和の終身雇用社会はとっくに終わっていると言えます。

あなたが本当に働きたいと思える会社への転職も、ひとつの重要な選択肢でしょう。

近年は、20代・30代を中心に、給料やボーナスなどの待遇面だけでは中途採用することが難しくなってきています。会社のあり方やビジョン、SDGs（持続可能な開発目標）などに代表される社会的意義が明確な会社でなければ、なかなか良い転職人材を得られなくなってきているのです。

これも多くの方が、日々を充実させるために仕事の意味ややりがいを大切にし始めている証だと思います。

起業

日本人の起業意識が世界の中でも低水準なのは、みなさんご存知のとおりです。みずほ情報総研による資料を見ても、それがわかります（91ページの図）。

総合起業活動指数の推移

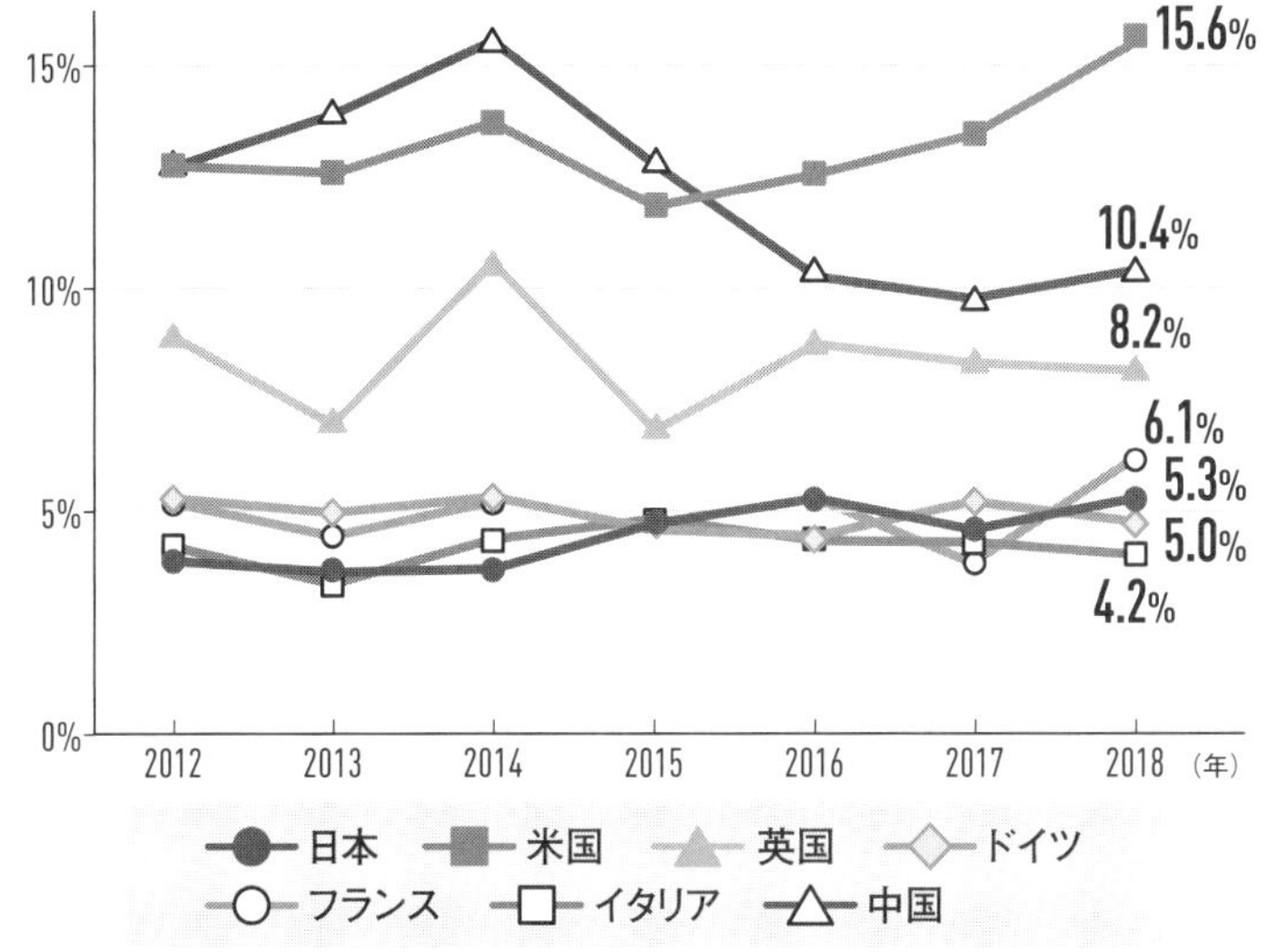

（注）国によって調査していない年がある。
資料:みずほ情報総研株式会社「平成30年度創業・企業支援事業（起業家精神に関する調査）」

たとえば、新規事業を準備している人と、新規事業の経営者となって3・5年未満の人を合わせた「起業活動者」の割合は、5%程度を推移しており、アメリカの3分の1、中国の2分の1程度です。

また、今後3年以内に、一人または複数で、自営業・個人事業を含む新しいビジネスを計画している成人人口の割合である「起業計画率」も、微増傾向にあるとはいえ、国際的には低水準です（92ページの図）。

起業計画率の推移

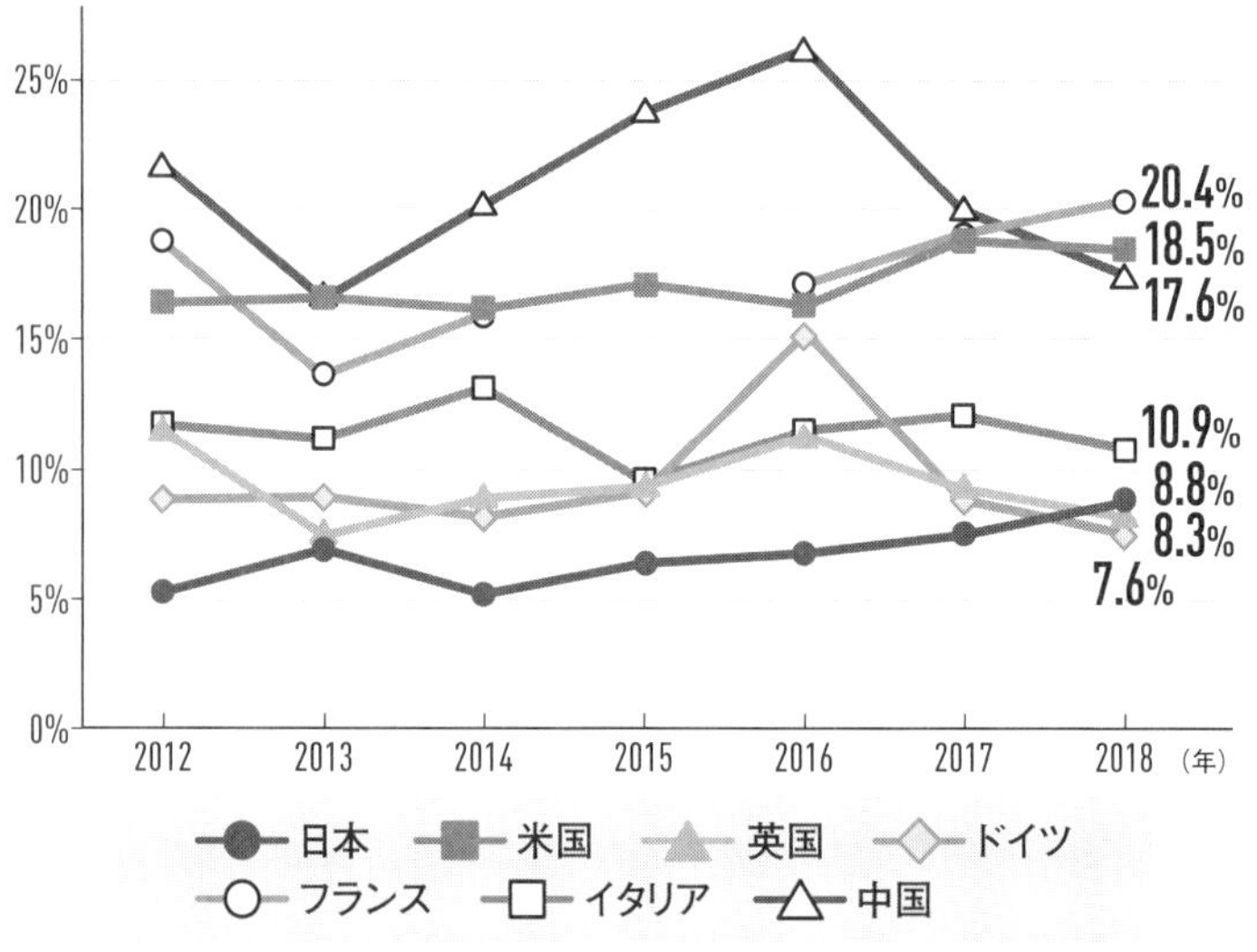

(注)国によって調査していない年がある。
資料:みずほ情報総研株式会社「平成30年度創業・企業支援事業(起業家精神に関する調査)」

これを見ても、サラリーマンでいることの安心感を求める人が多いことがわかりますが、もうひとつ、日本政府の起業支援策が十分ではないことも一因かと思います。

しかし、実は政府も起業を支援する方向へ舵《かじ》を切っているので、資金調達や制度面での簡略化について調べてみれば、意外と起業のハードルは下がってきていることがわかります。

加えて、日本は起業後の企業生存率が諸外国と比べて高いというデータもあります。起業5年後の生存率は、8割以上（93ページの図）。

起業後の企業生存率の国際比較

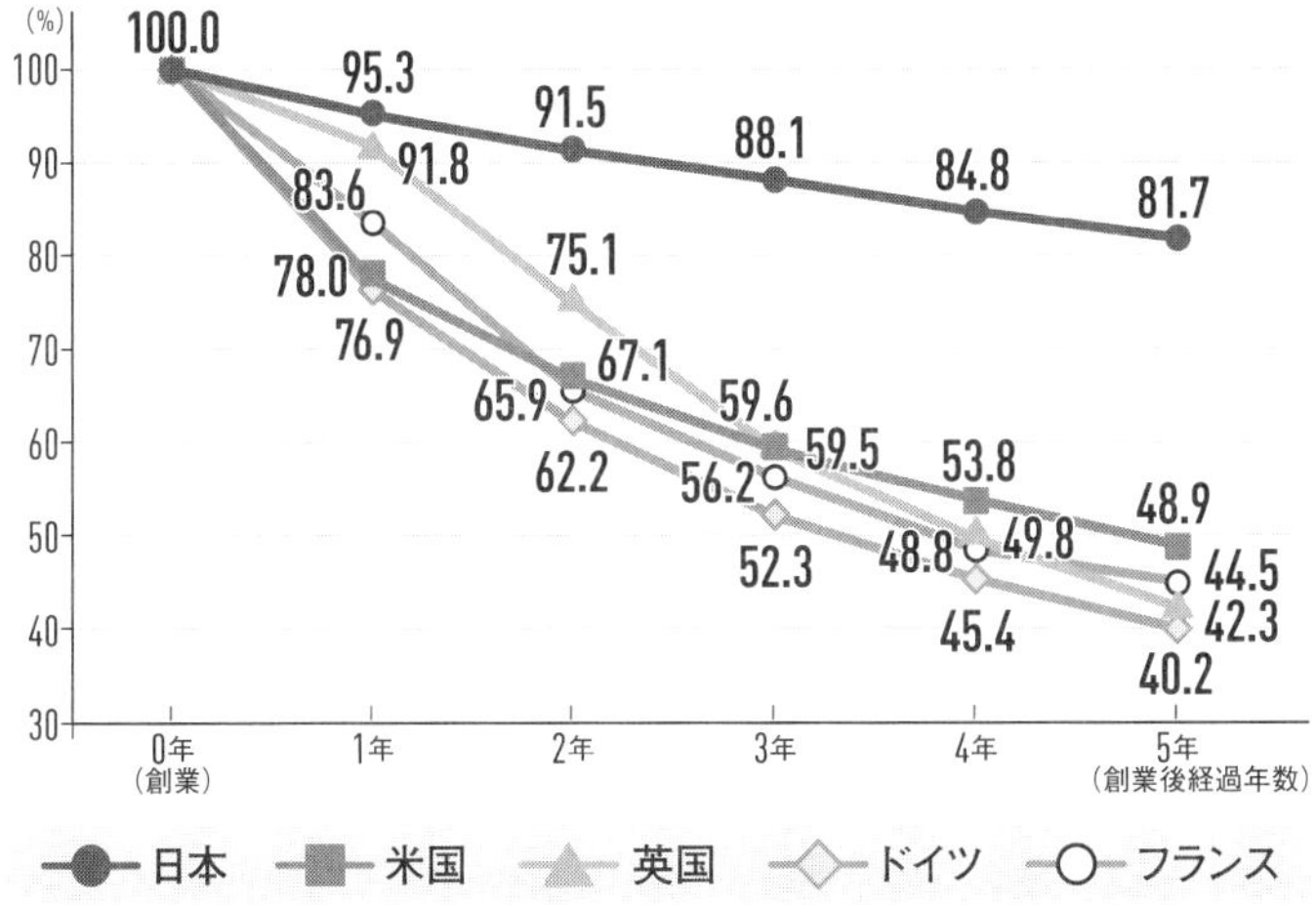

資料:日本:(株)帝国データバンク「COSMOS2(企業概要ファイル)」再編加工
米国、ドイツ、フランス:Eurostat　英国:Office for National Statistics
(注)1、日本の企業生存率はデータベースに企業情報が収録されている企業のみで集計している。
また、データベース収録までに一定の時間を要するため、実際の生存率よりも高めに算出されている可能性がある。
2、米国、英国、ドイツ、フランスの企業生存率は、2007年から2013年に起業した企業について平均値をとったものである。

リスクを恐れて起業に二の足を踏んでいる人にとっては、かなり安心材料となる数字ではないでしょうか。

さらに、多くの方が起業に失敗すると、借金を背負って、家族をなくし……といった、完全に脚色されたイメージを持っているかもしれませんが、それは、実際にはまったくの誤りです。起業では、上手くいっていない時にすぐに方向転換さえすれば、そんなドラマチックなことは起きようもありません。問題になるのは、上手くいっていない時に同じ方法にこだわってしまうことだけです。

そう考えると、あなたが試行錯誤さえやめなければ、起業に失敗することは事実上ないでしょう。

副業

最近は副業（複業）を認める会社も増えてきたので、会社に所属しながらも、自分にとってやりがいのある副業に価値を見出している人もいます。

会社で我慢しながら働いているのなら、何か打ち込める副業を見つけると、そちらに意識を向けることができて気持ちが楽になります。

精神状態が良くなると、思いがけず会社の仕事も上手く回るようになるかもしれません。

単調な会社生活のエッセンスとして副業が機能すれば、おのずとあなた自身の生産性は高まり、そのままサラリーマン人生を歩みながら副業を楽しんでもいいし、副業で自信をつけて会社を辞めることもできますよね。

フリーランス

出版社で編集をやっていたとか、生命保険会社でライフプランナーをやっていたなど、専門的な職種で会社に属していた人は、そのスキルでフリーランスになることができます。

まずは副業として始めてみて、手応えを感じたらフリーランスに転じることもできます。

ボランティア

真面目に会社勤めをしてきて蓄えがあり、親から譲り受ける資産も生きていくには十分にある。そういう方には、ボランティアをお勧めします。

いやいや会社で働くよりも、人さまのために働けるほうがずっと幸せを実感できることと思います。

会社を辞めても社会活動はできるし、お金とは別の豊かさに恵まれる可能性が高いのです。

移住してテレワーク

新型コロナウイルス感染拡大の影響でテレワークが実際に増えているようですが、サラリーマンではあるけれど出社をしない働き方です。

テレワークは大企業を中心に広がっていますし、本当に会社がいやで距離を置きたいけれど、辞めるのはいやだという場合には、自分から思い切ってテレワークをさせてほしいと働きかけるのも手だと思います。

もちろん可能な職種とそうでない職種があり、認めてもらえない会社もありますが、テレワークをすればかなり環境を変えることができます。

田舎がある人なら、帰って家賃や物価を気にせずに豊かな生活ができるかもしれません。そうでなくても、自分の好きなリゾート地に引っ越してもいい。

煩わしい人間関係から離れて、仕事だけは割り切ってこなし、プライベートを充実させると楽しいはずです。余計な支出も減ることでしょう。

投資

詳しくは本章の最後で説明しますが、当然、投資は会社から解放されて暮らしていく場合の選択肢のひとつとして、私が強くお勧めできるものです。

4

収入が減ったなら、「財布」を増やせばよい

会社に囚われないいくつかの選択肢を挙げましたが、「これは稼げる！」というイメージの選択肢はあまりなかったかもしれません。基本的に、人はそんなにお金を使わずに楽しく生活していけると私は思っています。

ですが、会社を辞めた結果、収入が減ってしまうことは実際にありがちで、そのために「今まで楽しんでいたことができなくなる、必要な分さえ稼げなくなる、だから困る！」という声も理解できます。

それなら、**「財布」を増やしてはどうでしょうか。**

前述した選択肢の中でも、「副業（複業）」や

「投資」は、新たな財布としてのポテンシャルが十分あるので、自分のスキルを生かせる分野でフリーランスとして活動しながら副業もこなすとか、転職して給与が下がっても投資で補うなど、収入を下げない工夫はできるはずです。

投資についてはこの章の最後で説明しますので、ここでは副業について、具体的に誰でも挑戦できることを紹介します。

物販・転売

新型コロナウイルスの流行で、マスクの買い占めと転売が社会問題になったり、人気ゲームソフトの買い占めと転売で荒稼ぎする外国人の存在などで、物販や転売はとかく悪いイメージがついているものかもしれません。

しかし、さまざまな要因で、同じ商品でも場所やタイミングによる価格差は絶対になくなりませんから、安く仕入れて、必要な人に適正な価格で売るという意味では、まったく問題のない商売です。それは、あなたの身近にあるスーパーなどの小売店やAmazonなどのオンラインの販売店がやっていることと、何ら変わりありません。

家電量販店や大手ディスカウントストアなどで、いわゆる「広告の品」のようなその時に安くなっているものを買い、ショッピングサイトに出品すれば、なんのスキルもなくても利益を上げることができます。

また、その土地にしかないものをバイヤーとして買いつけ、直接その土地で買うことのできない人に売るのも転売です。そう考えれば、魅力的な商品を見つけて、自分では買えない人に提供する、夢のある仕事とも言えます。

ハンドメイド販売

手芸が好きな人を中心に、アクセサリーや革製品、ポーチ、マスコットなど、ハンドメイド商品を販売する動きが広がっています。

特に凝った作品でなくても、100円ショップの材料を上手く組み合わせるなど、実は簡単につくったものでも売れているようです。

フリーマーケットやバザーのような会場売りはもちろん、ショッピングサイトやハンドメイド専用販売サイトなどでの販売も可能です。

家庭教師・各種講師

対面ではなくオンラインでの家庭教師が増えてきているので、家にいながらにして家庭教師ができるようになってきました。

学歴を武器にしたり教員免許を持っている人にとっては、いい副業です。

他にも資格を持っていたり趣味を極めているなどして、人に教えられることがあれば、オンライン講習会を開いて講師を務めることができます。

フィットネスやヨガではオンライン講習がかなり広がっているようですし、ピアノや絵画、囲碁などさまざまなオンラインの習いごとを紹介するサイトもあります。

そういうサイトに講師登録すれば、生徒集めの苦労も軽減されますね。

キンドル出版

Amazonが提供しているセルフ出版サービスを利用して、誰でも無料で電子書籍を出版することができます。

出版というと身構えますが、ボリュームの指定などはないので、ブログの2〜3記事分程度のものでも出版可能です。

Amazonのチェックは入りますが、電子書籍となれば、購入された分だけ印税は入ってきます。

SNSも積極的に組み合わせて活用し、フォロワー数を増やすことで売上を伸ばすなど、売るための工夫もできると可能性が広がります。

noteの有料記事

キンドル出版よりさらに気軽に自分の文章を売る手段として、配信サイトnoteに有料記事を投稿するという手もあります。

LINEスタンプの販売

イラストやデザインが好きで得意な人なら、LINEスタンプの登録クリエイターとなり、自作のスタンプを販売することができます。

登録者数はかなり多く、新規参入は難しいかもしれませんが、年収1億円を超えるクリエイターもいるそうです。

アフィリエイト

自分のブログサイトやFacebookに広告を掲載するアフィリエイトも、意外にアフィリエイターが足りていないようです。

広告商品が必ずしも売れなくても、メールアドレスを登録してもらうだけで、1件につき1500～2000円の収入になります。

労力が少なくて済むので、主婦でやっている方も多いようです。

動画編集

動画編集は、今では誰もが簡単にできるアプリもあって、特別な技術を必要とする作業ではありません。そのやり方も、無料のYouTubeなどをひととおり見て学ぶこともできてしまいます。

WEBライター

文章を書くのが好きなら、ブログやその他のメディア記事の代行など、WEBライターには根強い需要があります。

WEBデザイナー

WEBサイトの構成とデザインを決めます。デザインは、センスとサイトユーザーの行動への想像力によるところが大きいので、経験が浅くても売れっ子になれる可能性があります。

HTML／CSSコーディング

デザインをWEB上に表現するためのマークアップ言語であるHTMLとCSSをコーディングする人材は、常に需要があります。

特に、新型コロナウイルス感染拡大の影響で、これまでリアルに頼ってきた企業もさすがにオンラインに頼らざるを得なくなっていますので、需要は増える一方でしょう。

他にもいろいろあるかもしれませんが、パッと思いつくだけでもこれだけ挙げられます。

今はブログなど自分のメディアを持てること、オンライン系の仕事の需要が大きいこと、この2つの意味で、収入を得る機会は増えているはずです。

WEB講座などであまりお金をかけずにスキルを身につけることもできますし、まずはいろいろな可能性があることを知って、実践してみてはいかがでしょうか。

やってみたうえで、自分に仕事が来るのかどうか心配な場合は、クラウドソーシングサイトなどで仕事を見つけることもできます。

財布を増やすのは、意外と簡単なのです。

5 お金を稼ぐ方法よりも生き方を考えることを優先させよ！

お金はできるだけ多くあった方が安心。だから安定した収入を得るために、楽しくないけれど会社を辞めることができない。

たくさんのクライアントさんと接してきて、世の中の大半の人がこういう思考に囚われていて、そこからまったく進むことができないのだと知りました。

もちろん、誰しもお金の心配をせずに暮らしたいですよね。そのために一番大切なのは、こうした思考停止状態から脱して、**「自由に生きると決める」**ことなのです。

お金を貯めるためにむやみに稼ごうとするのではなく、お金の使い方を洗練させて必要な分だけ稼げれば十分であることを理解できれば、お金の心配からは解放されます。

あなたが生きていくために一定のお金がいるとしたら、必要な分は手に入れなければなりませんが、そのためのテクニックは大した問題ではありません。お金の心配から解放されるマインドさえ身につければ、あとはなんとでもなります。

一般的にはなかなか理解されにくいのですが、これは絶対的な真理だと、私自身の経験からもたくさんの事例からも断言できます。

どうやってお金を稼ぐかよりも、お金というものをどう捉えるか、自分の生き方とお金との折り合いをどうつけていくか、ということの方がずっと価値があるし、難しい問題なのです。

環境に流されず、自分自身が生き方を選ぶことが何よりも大切で、それを可能にするためにどの程度のお金をどう手に入れるかを考える。

最初にお金のことを考えるのではなく、生き方を選びます。ほとんどの人は、まずこの順番を間違えています。

たとえば、ある主婦向けの雑誌に読者モデルとして時々登場する女性は、もともとはある会社でインテリアコーディネーターとして働いていました。

しかしある時、「楽しいことだけしたい！」と思い立って会社を辞め、読者モデルとドラマのエキストラのアルバイトだけをしようと決めました。

生活費は、主に不動産収入から得ています。

また、一流私大を卒業して優良企業で働いていた男性は、エリートの道を歩むよりも自由に生きたいと考えて、不動産の運用で生活することにして会社を辞めました。

世間一般的には不安定な身分になったわけですが、退職後に結婚をして、「これから農業の勉強をしたいし、語学もレベルアップさせたいし、海外旅行にもどんどん行きたい！」と生き生きしています。

一方、夫と子どもがいる40代後半の女性薬剤師の場合、病院勤めを辞めることも視野に入れて、資産運用を始めました。

しかし、投資をすることでお金についてよく考えるようになり、月々の給与のありがたさや職場環境に恵まれていることを実感するようになって、病院勤めの価値に気づかされたそうです。

退職するつもりが、組織で働くことを選んだ。こんなふうに、**気づきがあれば柔軟に路線変更してもいい**のです。

6 自由に生きるために私が実践した7つのこと

私自身が、かつては典型的な「お金に囚われた人」でした。

有名で給与の高そうな会社を選んで、「経営コンサルタントって、なんかカッコいい」と就職し、仕事に没頭する日々。結婚して子どもにも恵まれましたが、とにかく仕事中心で家族を顧みるヒマもない。

そんな仕事漬けの自分に、ある時「これでいいのか？」と疑問を持ったのです。家族のためにもお金を稼ぎたいけれど、家族を大切にしている気持ちを表現する時間がない。でも稼ぐためには今の会社にいたほうがいいはずだし……。

そのうちに社会が見えるようになってきて、

世の中には学歴がなくても、特に頭が切れるわけではなくても、私や私の同僚、昔の同級生なんかよりも、何倍も何十倍も稼いでいる自営業の人たちがいることがわかってきました。

そういう人たちは、稼ぎ方がわかっている。それに比べて、大手企業という「箔《はく》」だけで満足している自分たちはどうなんだろうか。経営コンサルタントやファンドマネジャーはカッコいいと思っていたけれど、何の意味があったのか?

悩みながら思考はぐるぐると回り、なんとかしたいと考えた私は、一見怪しげな自己啓発系の本から生き方の示唆に富む有識者の本まで、いろいろと読み漁るようになりました。時間がないので、本ばかりではなくCDのような音声コンテンツを取り入れることもありました。

そうして幅広い考え方に触れるうち、会社員にこだわる必要はないことと、自分が求めている生き方は、今の会社勤めでは実現しないことを理解したのです。

生き方を変えるしかない。働きバチのような暮らしから抜け出し、もっと余裕のある豊かな生き方をする！

そう決心し、行動から変えることにしました。**余裕のある豊かな生き方になったら、どうなるか。視点をそこに置いて、どう行動すべきかを考えた**のです。

私は早く結果を出したかったし、やるとなったら徹底的にやるタイプなので、参考になるかどうかはわかりませんが、当時私が実践した行動の変化をご紹介します。

●つき合う人を変える

サラリーマンの思考に引き戻されないよう、会社の人との会話を必要最低限に。自分の目標とする姿に近い人としか、基本的に会わない。

●触れる情報を変える

テレビ・雑誌・ＳＮＳやYouTubeなど、マス向けの情報は一切見ない。本当に成功した人の書籍や直接話す機会だけをインプットする。

●**住む場所・いる場所を変える**

外車比率が6割以上の高級住宅地に住む。
打ち合わせは、安い喫茶店は使わず、すべて高級ホテルのラウンジ。
旅行のホテルは、一人でも40㎡以上の広々スペース、家族ならスイート。

●**着る服を変える**

サラリーマンらしからぬ、オーダーメイドのスーツだけを着る。
プライベートでも、コーディネーターに選んでもらった服だけを着る。

●**持ちものを変える**

高くても長持ちするハイクラスのものを持つ。
値段ではなく、心がときめくかどうかだけで判断する。

●使う単語を変える

ネガティブな単語は一切発しない。

「お金が足りない」と口が裂けても言わない。もし今、手元になくても、どう準備するかだけを考える。

●食べ物を変える

よほど忙しい時以外は、お弁当を買ってきて狭苦しいオフィスで食べるのではなく、お店でちゃんとしたランチをとる。

単純に、忙《せわ》しないサラリーマン生活とは真逆の、当時目指していた優雅な生活を思い描いて行動してみました。

まさにこの頃、前述した高級時計に価値を感じて買いましたし、高級なワインばかり飲んで、グルメにもお金や時間を注ぎました。

結果的に私は優雅に暮らせるようになり、十分に満足したので、今はまた別のフェーズに入っています。

それは、**物理的な欲求から解放されて、慎ましく幸せな日々を送りたいというフェーズです**。

自分がたどり着いた自由に生きる秘訣を、みなさんに発信していくのが楽しい。個人の豊かさよりも、社会全体の豊かさを追求していきたい。

そう思うからこそ、みなさんにも思考停止状態から一歩でも進んでいただきたいと願っています。

7

投資だけで生活するのは意外とカンタン

先ほど会社以外の選択肢のひとつとして、「投資」を挙げました。私も、会社を辞めて生活していくうえで、投資に大きく助けられています。

実は、**投資だけで生活しようと思えば、意外と簡単にできてしまうもの。決して夢物語ではありません。**

たとえば、不動産投資。

1億円ほどの収益物件（土地建物つきのアパート、マンション等）を、フルローンに近い形で融資を引っ張り購入するとします。フルローンに近いというのは、頭金をほぼ入れないということなので、元手がそれほどなくても可能です。

そして、サラリーマンが一番お金を借りやすい(融資の審査が通りやすい)ので、会社を辞める前にサラリーマンであることを十分に利用して、収益物件を探したほうがいいです。

このように1億円で不動産投資を始めた場合、ローンやその他コストを差し引いても、現在のマーケットであれば、おそらく毎月20万円程度のインカムゲイン(運用益)を手にすることができるでしょう。

慣れてきたら、融資を2億、3億と増やしていって、もし5億円の収益物件のオーナーになれたら、単純計算で月100万円の利益が得られます。このぐらいのインカムゲインが入ってくれれば、会社を辞めるのにも不安はなくなるのではないでしょうか。

また、とりあえず5000万円、1億円のお金のブロックをつくってそれを年利7%程度で運用すれば、生活を賄えるぐらいになります。

5000万や1億なんてつくれない! と思うかもしれませんが、**第1章でご紹介した、9億円という遺産を遺したロナルド・リード氏の例を思い出してくだ**

さい。

はじめにまとまった資産ありきでなくても、どんな人でも投資で資産をつくることは可能です。５０００万円や1億円も、難しくはありません。

５０００万円の年利7％なら、３５０万円。贅沢はできなくても、十分生活できる金額ですよね。

もう少し暮らしに色をつけたいのなら、楽しそうなアルバイトや趣味の延長のような仕事で稼げばいい。３５０万円はあるのですから、それにプラスする分だけでいいので、必死で働く必要もありません。

５０００万円のお金のブロックをひとつだけでなく、他にも５０００万円や1億円のブロックを用意できるようになれば、もっともっと余裕を持って暮らせます。

アメリカやヨーロッパでは、投資だけで生活をしている人もめずらしくありませんし、**ごく普通に会社勤めをしているように見えて、実は投資だけでも十分に**

暮らしていけるという人がたくさんいます。

会社での仕事は自己実現のため、あるいは楽しむためであって、必要に迫られているわけではない。彼らは、辞めたくなったらいつでも会社を辞めることができるのです。

そうやって、肩の力を抜いて楽しく仕事ができたらいいと思いませんか？

column 2

会社を辞めて、自由に生きるために

会社を辞めて、自由に生きる！

そうしたいのはヤマヤマだけれど、家族がいる場合には難しい。そう考える人は多いと思います。

私のクライアントさんの中にも、「講座やコンサルティングを受けていることは、配偶者には内緒……」という人が少なくありません。

たとえば40代後半の男性。

大手メディア会社にお勤めですが、とてもしっかりした奥様から「早く部長になれ！　1円でも多く稼いでこい！」と叱咤《しった》激励されているそうです。

その男性が会社にしがみついているのではなく、奥様が彼をがっちり会社に縛りつけている。逃れられませんよね。

彼は完全なキャッシュディスペンサー状態になっていて、自分がお金を使うことも許されないのです。
飲み会も禁止されているし、ランチも安い店に変えろと迫られたというから、徹底しています。

ただでさえ難しい意識改革ですから、夫婦そろって自由な生き方に目覚めるのはなかなか大変なこと。
おそらく、どちらかが生き方を変えようとしても、けんかになってしまうケースは多々あると思います。

では、私の場合はどうだったか。
会社を辞める決心をした時、すでに結婚して子どももいました。
結果的に、妻からは何も言われることはありませんでしたが、
私は「何を言われたとしても、自分で決めたことは貫こう！」と決意していました。

column 2

会社を辞めて、自由に生きるために

妻の実家が自営業だったので理解があったのかもしれないし、妻はお金に関してまったく興味がないので、私の変化にあまり関心がなかっただけなのかもしれません。

ただ、妻のように何も言わないのはレアケースで、配偶者が会社を辞めようとしていたら、何か言うのが普通かもしれません。

中途半端な態度では、相手を不安にさせてしまいますよね。でも、こちらの本気度が伝われば、応援してくれるのではないでしょうか。

結婚したのなら、その関係性のベースには信頼や愛情があるはずですから……と、信じたい！

実際には難しいのかもしれませんが、しっかり自分の想いを伝える努力は大切だと思います。

chapter 4

ムダな投資から自由になる!

第4章

お金を儲けたい！ は大いに結構ですが、
何のために儲けたいのかを決めないと、
儲ける手段を選べません。
目的はないのに「お金ラブ♡」の気持ちだけ先走ると、
手段の重要性に気づけず、
怪しい儲け話に飛びついてしまう…。
そんな失敗をしないよう、
「資産づくりの設計図」を描きましょう！

1 何のための投資なのか。目標を定めてリスクを避ける

世の中には、「簡単にお金が増える」というオイシイ話を聞けば飛びつく人たちが、一定数います。マンガで、目が円マークやドルマークに描かれる人物のように、わかりやすくお金が大好き！　な人種です。

頭の中は、預金口座や証券口座の残高の数字でいっぱい。お金は多ければ多いほどいい。ラクして残高が増えることが喜び！

そういう場合は、「お金が増やせる方法があるならやるでしょ、当たり前！」という単純な思考になっているので、詐欺的な投資案件にももれなく引っかかってしまいます。

では、詐欺的な投資案件とはどういうもので

しょうか。
その性質を分類してみると、大きく2種類に分けることができます。

1 当初から出資者のお金をだまし取るつもりで設計・販売・運用されているもの

はじめから運用するつもりがない、あるいは想定利回りが出ないであろうことを見越して、設計・販売されている商品。

高い利回りを謳《うた》いながら、それを実現できるとはそもそも考えていなくて、完全にだますつもりがあった詐欺案件。

2 商品設計に無理があり、結果として出資者のお金を減らすもの

はじめは出資者のお金をだまし取るつもりはなかったものの、商品設計がずさんで、結果的にマイナスになってしまう商品。

どちらも、出資者は損失を出してしまうことになります。

それでも、このような**詐欺的案件に引っかかる人は、まったく学ばずに同じ間違いをくり返してしまいます**。

その理由は、これまでにも何度もタブーとしてお伝えしてきましたが、**目標を設定しないで投資をしている**からです。しかも、できるだけ短期間で大きなリターンを期待しているだけに、結果的に夢まぼろしのような話に惹《ひ》きつけられることになります。

目標設定をしていないということは、実際は大した必要もないのに投資でお金を増やそうとしているということですよね。具体的な必要性があるならば、それが目標になりますから。

つまり、「パリへ行きたい」「ニューヨークを目指す」といった明確な目標がないままで、成田空港にふらりと出かけるようなものです。

また、短期で大きなリターンを求めるということは、ものすごくスピードの出る馬力のある乗り物を使って目的地へ乗り込むのと同じ。あなたは、近所のコンビニエンスストアに行くためにジェット機に乗り込みますか? 普通は、そんなことあり得ませんよね。

しかし、目的も目標もなく短期で大きなリターンを得ようとすることは、まさにコンビニにジェット機で突っ込むようなものです。そんなことをしたら、意図した目的地にたどり着けなかったり、大事故を起こしたりすることは目に見えています。

「短期で大きなリターン」は、ハイリスクに他ならないのです。**目標もなく、何も考えずにジェット機に乗り込むことは、投資では絶対にやってはいけないこと**。

もちろん、ハイリスクな投資の話が、すべて詐欺的であるとは言いません。上手くいけば利益がきちんと出ることもあります。

しかし、そんなスピードが出る乗り物に乗ってもよいのは、あなたがリスクを取れる状態をつくってからです。

さらに、年間で15〜20％を超えるようなリターンを安定的に出すのは、投資のプロ中のプロでもムリです。

しかも、それを超えるような素晴らしい話があったとしても、一般投資家のあなたのところにわざわざ紹介されるはずもありません。大きなお金を出せる優良投資家だけで、すべて枠が埋まってしまうはずです。

それなのに、目が円マークやドルマークになってしまうと、つい飛びついて99％失敗してしまいます。しかも、連続して何度も引っかかるのです。

なぜなら、最初に減らしてしまった資産を焦ってなんとか取り戻そうとするからです。

仮に50％の資産を失ったとして、その損失を取り戻そうとすれば、残っている50％の資産を2倍に、つまりリターン100％にしなければならなくなります。

通常の投資づくりでは、それを実現するために10年以上かかってしまうので、「そんなには待っていられない！」と焦って、短期で大きなリターンのある投資案件にまた手を出してしまう。

確かに投資には、取るべきリスクがあります。しかし、それは適正なリスクを取るということであって、あなたの目的や許容度を超えた余計なリスクを取ることはご法度《はっと》です。それだけは、ぜひ肝に銘じておいてください。

2

残高主義と保険商品はムダな投資を呼び込む

結局、儲け話にすぐ飛びついてしまうのは、ずっと私が批判している日本の「残高主義」に毒されているからなのです。

残高主義では、絶対に幸せになれません。仮に残高が増えたとしても、使い道を決めていないので、どこまでもどこまでも延々と残高を増やそうとして、ムダな投資に手を出して失敗してしまう。

失敗してしまうのは、ゴールがないから適正なリスクを判断できないせいです。**投資では、どこにゴールを設定するかであなたが取るべき適正なリスク（＝投資のスピード）の判断をするのです**。

これまで、残高に執着する人たちを何人も見てきました。残高より、使い道の目標を決めるようにアドバイスしても、なかなか通じません。

資産が何億円もあるのに、悩んでいる人がたくさんいるのです。本当に残念だと思いませんか?

コラム1でも書きましたが、日本人がこぞって安心のために加入している保険も、私から見ればほとんどはムダな投資です。

資産が少なく扶養すべきお子さんがいる場合などを除いては、保険を解約しても大丈夫なはずです。

ですから、**ほとんどの人がムダに払っている保険料を、保険を解約して別の投資に回したほうがずっと効率がいいし、意味のあるお金の使い方になります。**

年金型保険で運用していると思っているかもしれませんが、もっといい利回りの海外の積立投資に回したほうが効率的でしょう。

3 自分に必要な投資の「設計図」を描く

では、ムダではない投資について考えていきましょう。

さんざんムダな投資について語ってきたので、もう十分にご理解いただけていると思いますが、**ムダではない投資とは、明確な目的があり、それにフィットした投資のこと**です。

自分自身でお金の使い道を精査し、必要なことに向けてファンディング（資金調達）するイメージを持ってもらうとわかりやすいでしょう。

実際に、必要な投資の「設計図」の描き方を考えていきましょう。

ざっくり言えば、**はじめに目的地を決めて、そのためにいくら必要かを調べて計算し、それ**

に合った運用商品を決める。それが、「設計図」の描き方です。

まず、目的地ですね。子どもの教育資金を例に挙げて考えてみます。

おそらく子どもが幼稚園に入る前ぐらいになったら、将来どこまでの教育を受けさせるか、子どもが望んだ場合にどこまでなら希望を叶えるのか、目的地を考え始めるのではないでしょうか。

- **国公立大学**
- **私立大学文系**
- **私立大学理系、大学院まで**
- **私立大学医学部**
- **アメリカのアイビーリーグに進学?**

ザッと考えても、教育については家庭によって考え方が非常に大きく異なり、目的地のバリエーションは幅広いものです。

それだけ必要な金額の幅も大きいので、それぞれきちんと必要な金額を計算しましょう。

金額が割り出せたら、その金額を達成するための運用方法を考えます。

子どもが今、2~3歳なら、高校卒業までの15年間で目的地に必要な資金を調達しなければなりません。だったら15年運用商品を選び、15年後に目標額を達成できるだけの金額を毎月投資に充てればいいわけです。

もし1000万円が必要だとなれば、海外の積立投資などで複利を見込むと、15年で1000万円に到達する金額は300万円です。子どもが3歳の時の300万円が、15年後に1000万円となるファンディングとなります。

もちろん、目的地はひとつではないでしょう。

他に、「娘の成人式には振袖をあつらえる」だったら、ピンキリの振袖の中でどの程度のものを選び、他に和装小物や写真代なども含めていくらかかるのかをしっかり考えます。

そして、娘が生まれたらすぐに20年間運用投資するとか、10歳でハーフ成人式（1/2成人式）を迎えたタイミングで気づいて10年間の投資で用意するなど、目的地として定めた時から準備を始めます。

40代前半で老後資金について精査したら、65歳ぐらいまでは仕事をすることを想定して、25年の運用商品にする。

40歳の1000万円は、25年後には5000万円になることが見込めます。

いずれにしても、**「あと何年でいくら必要」ということを把握して、それに見合う投資商品を選ぶ**のです。

そうやって、それぞれの目的地に向けて、一つひとつファンディングをしていきます。

ファンディングの一例として挙げた教育資金ですが、日本では、教育資金と言えば「学資保険」を思い浮かべる人が多いと思います。他の資産づくりで教育資金を賄おうと考える人は、非常に少ないのが現状です。

老後資金も同様で、投資ではリスクがあるから、かえって減ってしまうのではと恐れて、結局は無難に年金型保険に入って落ち着いてしまうのではないでしょうか。

しかし、資産づくりはもっと身近なものだと知ってください。

目的があって資金調達するのなら、積極的に投資を活用すべきです。

4 2種類の目標設定シートをつくって、いざ実践!

では次に、目標に迫るために必要な具体的作業をしていきましょう。

将来の目標については、ファンディングの考え方で運用をスタートさせていただきたいのですが、将来のことばかりではなく「横浜の4LDKの一戸建てに住む」「毎年1回ヨーロッパに家族旅行に行く」というような、リアルタイムで用意したい資金もあります。

それらは、年間で必要な額を計算しておいてください。

こうした目標に到達するためには、**2種類の「目標設定シート」をつくる**といいですね。

目標設定シート①

目的地を決めて、その金額を計算したシートです。

リアルタイムの目標に加えて、教育資金や老後資金といった将来の目標も、目的地として記入してください。

記入する金額は、**「年間でどのぐらい必要なのか」**を基準にします。

たとえば「横浜の4LDKの一戸建てに住む」なら、月々の家賃がおよそ40万円として年に480万円、プラスαで500万円あればいい。

「毎年1回ヨーロッパに家族旅行に行く」は、季節や期間にもよりますが、4人家族である程度のグレードを保ちたいなら150万円ほど必要。

教育資金や老後資金のような将来的な目標であれば、平均したら1年でいくらになるのかを記入します。

目標設定シート②

資金調達する方法をデザインするためのシートです。

目標設定シート①

#	人生で達成したい最高の使い道	金額（万円／年間）	メモ
1	（例）家族全員で年6回長期の海外旅行に行く	720	1回120万円ぐらい？
2	（例）東京ミシュランの名店に毎月行く	60	
3	（例）妻が喜ぶ5LDKの広々とした家を持つ	500	
4	（例）毎月両親のために仕送りをする	240	
5			
6			
7			
8			
9			
10			

つまり、目標設定シート①に記入した必要金額を得るために、何からいくらの収入があればいいのかを書き出していきます。

収入は、「仕事・ビジネスからの収入（給与や役員報酬／配当など）」「投資からの収入（家賃／配当／利息など）」の2項目に分けておきます。

そして項目に金額を埋めていくわけですが、この時のポイントは、すべて現状に即して書くわけではないということ。**現状に関係なく、必要な資金を得るための道を「デザインする」ことが重要**なのです。

目標設定シート② 投資・ビジネスのデザインシート

私の最高の使い道に必要な金額（万円／年間）	0	①のシートの合計金額と一致
仕事・ビジネスからの収入（給与や役員報酬／配当など）	0	
給与		サラリーマンとしての給与／賞与
役員報酬		自分のビジネスからの給与／賞与
配当		自分のビジネスからの配当
その他		
投資からの収入（家賃／配当／利息など）	0	
不動産		不動産からの家賃収入
株式		株式からの配当収入
公社債		債券からの利息収入
レンディング		貸付による利息収入
その他の金融商品		投資信託や積立型商品、保険他
投資対象の値上がり益	0	
XXXXXXXX		具体的なものがあれば記入
XXXXXXXX		

つまり、目的とその金額が明らかになったら、あくまでも「目的」を見すえてどこから収入を得ていくかを考えます。

それは、ダイエットをしようと思った時に、自分の理想のボディをできるだけ具体的にイメージして、それを実現するために取り入れるトレーニング方法を考えて組み合わせていく作業のようなものです。

今、現状が太っているからといって、太っている自分に目を向けても、目標には到達できませんよね。**あくまでも理想を描き、それに到達する方**

法をデザインするということを意識してください。

あまり悩まず、目標設定シート①に書いた必要な金額の合計と、収入の合計が合うように埋めていきましょう。

この目標設定シートを頭に入れて実際にビジネスや投資を進めていくうちに、次第に記入した金額が現実のものになっていきます。

特に投資は、実践してみて初めてわかることが多いので、しっかり目標設定をしておけば、実践しながら自然と方向性がわかっていくものです。

5 日本人よ、もっと投資に目を向けよ!

目標設定シート②で、「投資からの収入（家賃／配当／利息など）」「投資対象の値上がり益」の項目に、金額を埋めることはできたでしょうか。ここの金額を大きくしていくことが、日本人の課題だと思っています。

日本とは違って、欧米では投資が非常にポピュラーであるということは、感覚としてみなさんも理解されていることでしょう。

しかし、実感がともなっていないので、なかなか「よし、自分もやってみよう！」と一歩踏み出せない。

そこで、**欧米ではいかに投資がポピュラーであるか**ということを、数字で示していきたいと

家計の金融資産構成

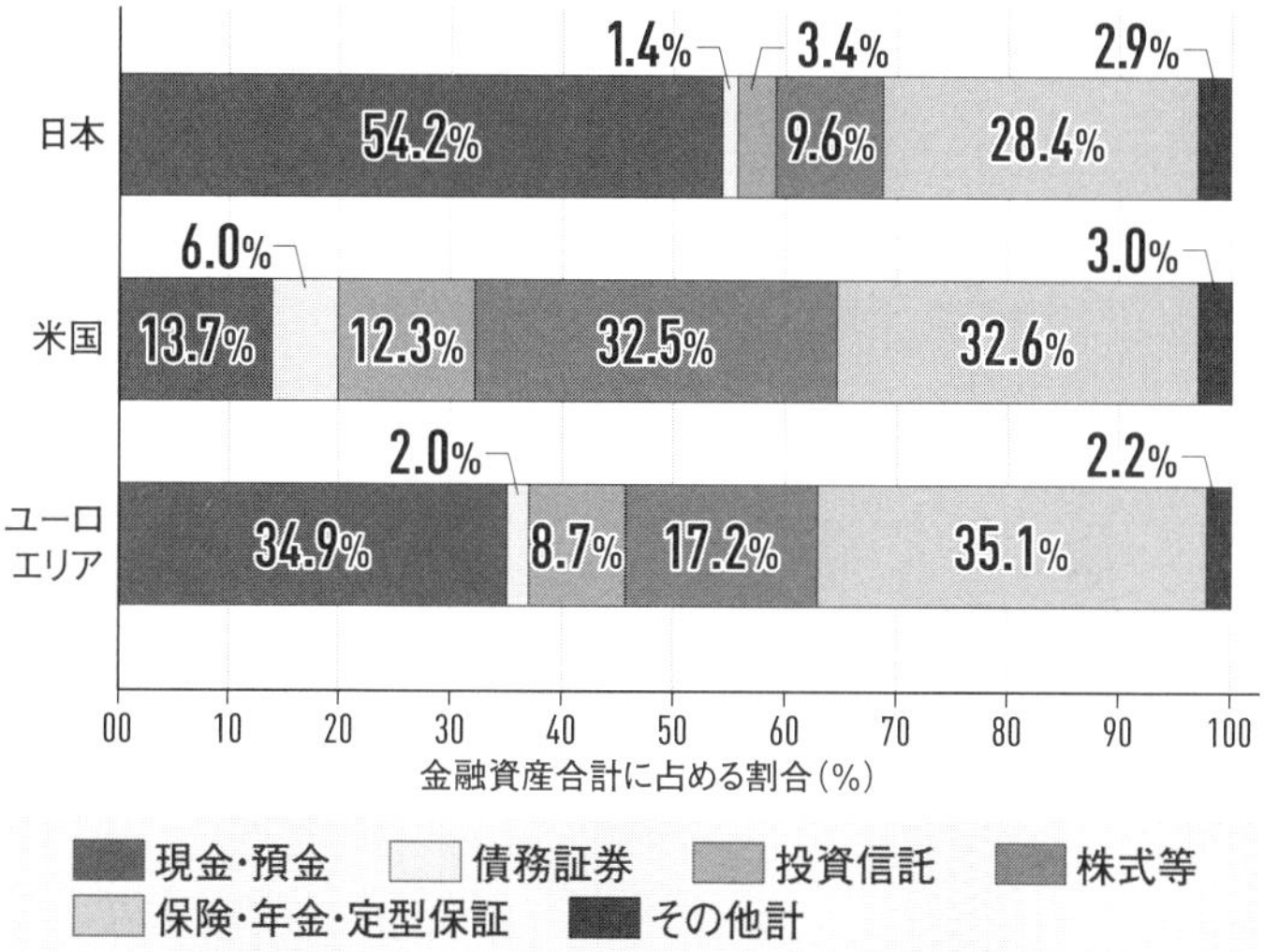

出典：『資金循環の日米欧比較』日本銀行調査統計局2020年度版
※「その他計」は、金融資産合計から、「現金・預金」「債務証券」「投資信託」「株式等」「保険・年金・定型保証」を控除した残差。

思います。

日本銀行調査統計局が２０２０年に発表した資料『資金循環の日米欧比較』の中に、日本・アメリカ・ユーロエリアの「家計の金融資産構成」を比較した表があります（上の図）。

これを見ると、日本は現金・預金の割合が54・２％と突出して高く、逆に債務証券、投資信託、株式等といった「運用資産（投資商品）」の割合は14・４％と少ないのがわかります。

しかし、アメリカの運用資産の割

合は50・8%、ユーロエリアは27・9%と、日本の割合を大きく上回っています。ユーロエリアはまだ、現金・預金が34・9%と運用資産よりは大きな割合を占めていますが、**アメリカの現金・預金は13・7%しかありません**。日本人の意識とはまったく違うことを、数字から実感できます。

欧米では小学生でもお金に関する授業を受けているのに、私たち日本人は、家庭でも学校でも（専門教育は別として）金融教育を受けてきませんでした。だから金融リテラシーが低いのも当然です。

しかし、だからといってこのままでいいわけがありません。

現金・預金を中心に資産形成してしまうと、世界情勢の緊迫や災害などをきっかけに通貨の価値が変動した時に、大きく資産を減らすことになりかねません。

それは、日本人の苦手な投資よりもハイリスクだと言えるのではないでしょうか。

6 日本人が本当にお金を置くべき場所とは?

日本人がどこにお金を置いているかというと、圧倒的に日本の金融機関が多いです。加えて、いわゆる「タンス預金」と言われるように、現金で家や金庫に保管しているケースも少なくないようです。

145ページに示した「家計の金融資産構成」の現金・預金の割合の高さを見れば、一目瞭然ですよね。

しかし、これでは前述したとおり、世界情勢が緊迫したり大地震などの災害が起きたりして大きく通貨の価値が変動した場合、大変なリスクにさらされることになります。

インフレは普通に起こることです。

日本は長い間デフレに悩まされてきたため、

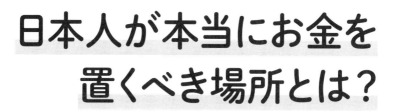

インフレの心配を忘れている人もいるかもしれません。しかし**「年間に最低2〜3%資産が増えなければ、インフレで目減りする」**というのが、海外の投資家の常識になっています。

日本の金融機関に寝かせておいても、超低金利ですから、年間2〜3%も増えることは絶対にありません。ましてタンス預金なら、利息はゼロです。

では、どこにお金を置くべきでしょうか。

その答えをひと言でいうなら、「いろいろな場所」ということになります。お金を置くべき場所を考える時に、キーワードとなるのは「分散」なのです。

リスクを必要なレベルにコントロールするため、分散させることが投資の基本です。

何を分散させるのか。それは、**「商品」「地域・国」「通貨」「タイミング」「金融機関」**の5つです。

商品

たったひとつの投資商品に、投資全体の結果が左右されることを避けるために、**不動産や株式、債券、現物など、性質の異なる投資先を複数組み合わせます**。

ただし、どの程度分散させるべきかは、あなたが取るべきリスク（＝資産づくりのスピード）の水準によります。

地域・国

すべての資産を、特定の地域や国の情勢の変化によるリスクにさらさずに済むように分散させます。

ある国や地域に資産が集中していると、そこで戦争や金融恐慌が起きた場合に被害が大きくなります。

せめて被害が限定的な一部になるよう、地域や国を分散しておきましょう。

通貨

通貨の価値は、実は日々変動するものです。価値の変動は、すなわち為替の変動に表れます。

日本人だから日本円に限る！　あるいは、やっぱり国際基軸通貨として存在感のあるドルしかない！

もし、こんなふうに単一通貨で投資していたら、その通貨の価値にすべての投資の結果が左右されてしまうことになります。

少なくとも3種類程度の複数の通貨を組み合わせ、そうしたリスクを回避しましょう。

タイミング

投資する（＝買う）タイミング、そして、投資をやめる（＝売る）タイミングを分散させます。

なぜなら投資するその時に、買おうとしている商品が高値なのか安値なのかは誰にもわからないからです。

また、売る時にも、結果として高値で売れたのか安値で売ってしまったのかは、後になってみないとわからないですよね。

ですから、**それぞれタイミングを分散して、投資全体が「高値で買って安値で売ってしまった」ということにならないようにします**。

毎月、あるいは毎年の積み立てという方法が、もっともタイミングのリスクヘッジには適していると思います。

金融機関

銀行・証券・保険などの分野にかかわらず、**どんな金融機関にも破綻するリスクがあります**。

そして、もし破綻してしまえば、国や商品によっては救済措置があるケースもありますが、基本的には大切な資産がすべて失われる可能性があるのです。

そうしたリスクを避けるために、複数の金融機関に資産を分散させておきましょう。

このように上手に分散させれば、リスクを過剰に恐れることはありません。そもそも考えてみれば、私たちは一定のリスクにさらされた世界にただ普通に生きているのです。

たとえば、つい食べてしまうスナック菓子。それは後々の健康上のリスクになるのではありませんか？

交通事故が怖いからと言って、車に絶対に乗りませんか？　乗りますよね。投資のリスクも、あなたに必要なレベルで分散させれば同じようなものなのです。ですから、恐れ過ぎずにやってみることです。

そして、**現金・預金で多くの資産を持っているほうがリスクが高いということを知ってください**。

通貨
地域・国
タイミング
商品
金融機関

chapter

5

自分の財布から自由になる!

第5章

資産形成をしていくための重要ツールは
意外にも他人の財布だった!?
自分の財布にこだわっているより、
「助けてくれる他人の財布もある」ことを知って、
もっと自由に資産をデザインしましょう!

1 日本人だけが知らない「借金天国♡JAPAN」。「借金＝ネガティブ」ではないという話

みなさんはご存知ですか？　実は、**借金は「魔法の杖」だということ**を。

私たち日本人は、日本の金融政策の中で暮らしているので気づきにくいのですが、外から見れば、なんと日本は「借金天国」なのです。それは、日本円で借金をするとオイシイから。

日本円で借金できたらＷＯＮＤＥＲＦＵＬ！　海外の投資家は、みんな喉から手が出るほど日本円で借金をしたいのです。

日本円で借金をすることのうまみは、低金利と経済の安定性にあります。

最近は新型コロナウイルスへの対応で、世界各国が金利を下げる傾向にありますが、日本の

日本の超長期の政策金利推移

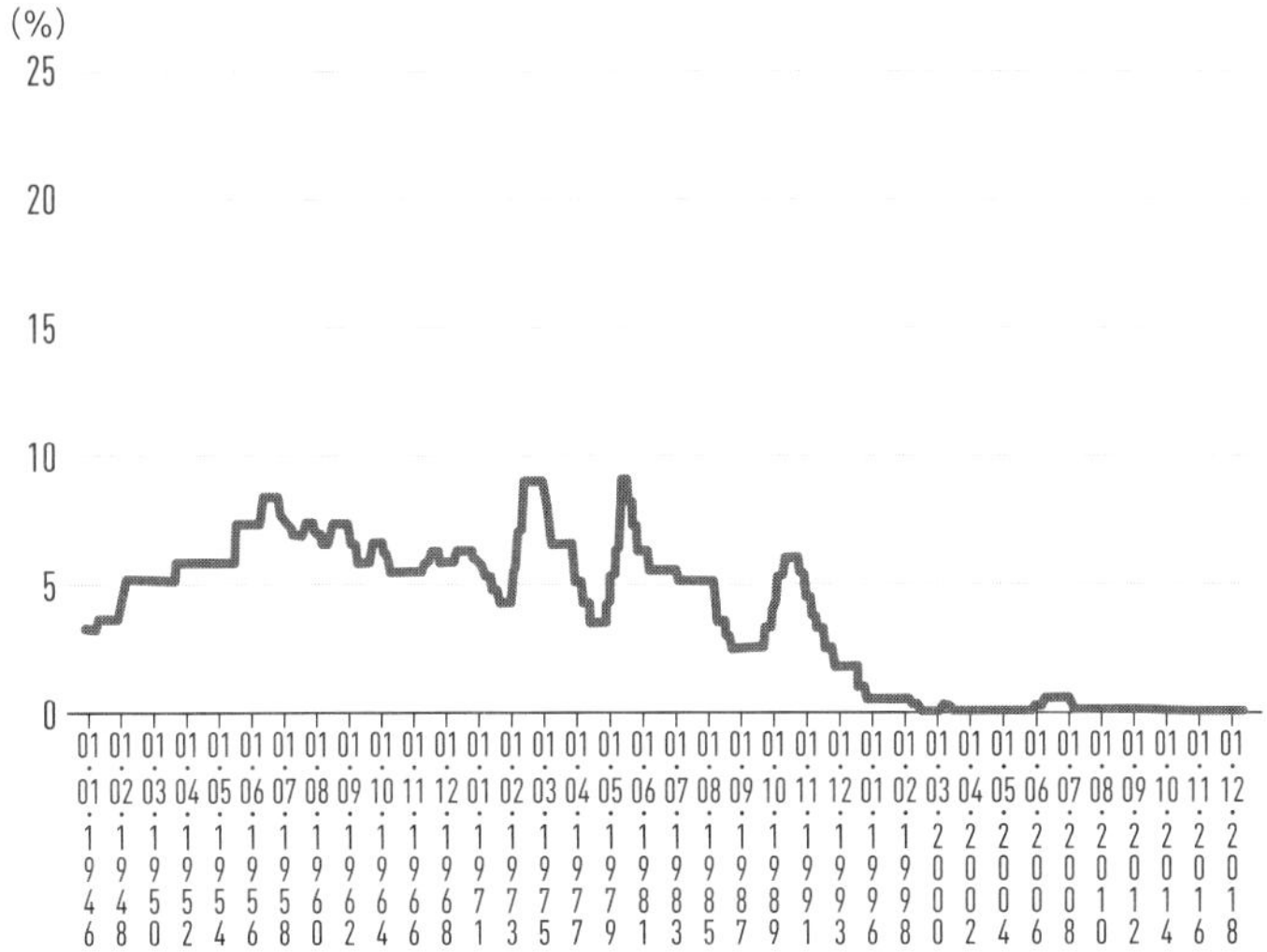

（データ）BISより／（図作成）筆者

低金利はバブル経済の崩壊後からもう30年近くも続いており、安定感がバツグンです。

しかも、〝超〟のつく低金利。

たとえ借金をしたとしても、利子はごくわずかなので、返済額はほとんど借入金額と変わりません。

だったら、借金をしない手はない！

ということなのです。

資産形成を考える時に、自分の財布（預金）にお金を貯めていこうというのが、預金残高主義の日本人。

しかし、**海外投資家は、借金、つま**

り他人のお財布から借りることで、より早く、より大きな資産をつくる術《すべ》を知っているということだと思います。

借金をすれば、自分の財布にはないお金をポンと手に入れられます。もちろん返す必要はあるのですが、超低金利で実質、借入額と返済額は大して変わらない。

他人の財布からお借りした分、自分の財布のお金を投資に回せば、ただ単に預金残高を増やしていくよりずっと効率良く資産づくりができる――。

そういうからくりになっています。

２０２１年5月現在、金融機関や借りる人の状況によりますが、私たちが日本の銀行から借りられる金利はおよそ１％前後です。一方、海外の積立投資では年に7～8％見込める商品がごく当たり前にあるわけで、この金利の差を考えたら資産に違いが出てくるのも納得ではないでしょうか。

2 上げたくても上げられない、安定の超低金利

金利は変動するもの。

今、日本円は超低金利だからといって、この先も同じように低いかどうかはわからない。借金してしまって、金利が上がったらどうするの？

そう思う人もいるかもしれません。確かに未来のことは断言できないのですが、**日本政府は金利を上げたくても上げられないのが現状です**。

それは、日本という国の借金が膨大なので、金利を上げれば国の借金の返済額も大きくなってしまうからです。

国際通貨基金（ＩＭＦ）による２０２０年10月の報告では、日本政府の債務残高は国内総生産（ＧＤＰ）比で２６６％、ダントツで世界の

ワースト1です。

主要7カ国（G7）では、日本に次ぐイタリアでも161%。いかに日本の借金が突出して多いかがわかります。

金額で見ても、国債（900兆円）と地方債（200兆円）の合計で1100兆円を超えていて、これも世界トップクラスです。

国自体が借金にまみれている状態で、もし金利を上げたら利払いの負担がとんでもなく増えるので、しばらくは安定の超低金利を続けるしかありません。

日本にいる私たちは、日本円で借金できる特権を持っているようなものです。

特に不動産なら、マイホームでも収益物件でも、条件にもよりますがフルローンに近い形での購入を検討する価値が十分にあります。住宅ローンの金利は、人によっては0．6%などかなりの低さです。

また事業の開業資金も、直近に自己破産などのトラブルがなければ、基本的には日本政策金融公庫などからほぼ100%借りることができます。

3 「借金=ネガティブ」の思考から解放されよう

借金にネガティブなイメージを持っている人が多いと思いますが、まず、それは完全に誤解です。

おそらく映画やドラマ、小説などフィクションの世界で、借金をしたせいで転落人生を歩むとか、借金取りに追われてさんざんな目に遭うというシーンを擦り込まれているせいでしょう。

しかし、ごく常識的な方法で借金をすれば、そんなことはあり得ません。アブナイ消費者金融から借りるのでなければ、借金取りが追ってくることなど絶対にないので安心してください。

また、アブナイところから借りてしまっても、今は貸金業法に守られて、元本も含めて1円も返さなくていいことにすらなっています。

生活に必要な財産を差し押さえられることもありません。法律で、債権者は生活に必要なものまで奪ってはならないと決められているからです。また、そもそも現金以外の資産は、差し押さえた後にそれを現金化しなくてはならず、面倒くさいからです。債権者も、できればそんなことはしたくない。

ギャンブルですって踏み倒すつもりでもない限り、借金には少しもネガティブ要素はありません。

社会人経験をお持ちの方なら理解できることですが、たとえば会社や新規事業を起こす時に、プロジェクトに向けて必要な資金を借り入れるのは、ごくごく普通のことですよね。

出資にあたる株式や自己資金に、銀行からの借入れを組み合わせて資金を調達します。自己資金だけで資金調達する会社は、ほとんどありません。

これと同じことを、家庭内でも行うと解釈すればいいのです。

不動産を買うのも、子どもに教育を受けさせるのも、家庭のプロジェクトだと考えられます。だから、プロジェクトのために自己資金と借入れで資金調達をする。そして、自己資金(自分の財布)と借入れ(他人の財布)のバランスをどうするか、それぞれの状況に応じてデザインしていけばいいということです。

会社はむやみに自己資金だけでプロジェクトを完遂しようとはしませんよね。上手く借入れを利用しているはずです。

個人でも、自分の財布にこだわらずに他人の財布に助けてもらってプロジェクトを行うことは、ちっともネガティブなことではありません。

借金は、プロジェクトを遂行して資産を形成していくツールとして選択肢のひとつに過ぎないのです。

私の感覚では、現金は切り札なので、なるべく取っておきたいもの。何かを買おうとする時に手持ちの現金を減らしてしまうのは、トランプのゲーム中に強いジョーカーを使ってしまうのと同じなのです。

借金がネガティブではないとわかれば、ジョーカーは使わずに取っておいて、それで投資をすることができます。また、必死になってくり上げ返済をしようと頑張る必要もありません。

年利1％未満の借入れをして、年利5％以上の投資をする。それが合理的であることも、素直に受け入れられるはずです。

4 借りたお金を返せないことは、そんなに悪いことなのか？

日本人は、「人さまにご迷惑をかけてはいけない」という文化の中で生きています。だから、**たとえ借金がネガティブなものではないと理解できたとしても、「もし返せなくなったら迷惑をかけてしまう。どうしよう」と恐れる気持ちがあるのかもしれません**。

そして、実際に返せなかったとしたら、自分を責めるでしょう。まわりからも、もはや人権を失うレベルで「返せないヤツが悪い！」と断罪されます。

私は、このような風潮が人を追い詰めて、時には命までも奪ってしまう最悪の結果を招くのだと思っています。良くない傾向です。

確かに、親族や友人などリアルな人間関係の中で借金をすると、返せない場合は相手に迷惑がかかります。

しかし**金融機関から借りた場合は、ハッキリ言ってそれほど気にすることはありません**。

その理由は2つあります。

まずひとつは、**金融機関は「貸すプロ」**だからです。お金を貸すことを仕事としていて、これまで貸してきた経験と知識がある。

そんな「貸すプロ」が審査をして、こちらが返せるように融資条件をあらかじめ決めて貸してくれるわけです。もし返せなかったら、その理由の一端は審査をした金融機関にあります。金融機関の与信の基準や判断が間違っていたということです。

こちらの責任がゼロとは言わないまでも、少なくとも半分は、審査のプロが見誤ったことにあるのです。

貸すプロでしょ? 経験値を比較すれば、通常こちらはとても「借りるプロ」とは言えません。

審査して、「これなら貸せますよ」という年数と金利を融資条件に設定したはず。リスクが高ければ金利を高くしたり年数を短くしたりしているはず。

借りた側は、プロの審査結果に従っただけです。

きちんと借入れの審査が行われている限り、債権者と債務者は対等な関係です。債務者がペコペコしたり、返せないことに過剰に罪悪感を持ったりする必要はありません。

そもそも、銀行は借りてもらわないと商売にならないのです。融資の利息が、銀行の収益源の大きな柱なのですから。

銀行はその時々の状況に応じて、貸し出しに積極的になったり消極的になったりしますが、たくさんある銀行のすべてが同時期に消極的になることはありません。どこかは必ず、積極的に貸したいはずです。

だから、借りるほうはお客さまなのです。銀行のほうがえらいわけでも何でもありません。

自分は借金をするけれど、銀行にとってはありがたいお客さまであると思えば、ポジティブに借りられるのではないでしょうか。

また、もうひとつの理由としては、**銀行が融資するお金は帳簿上の金額に過ぎないのであって、リアルなお金ではない**ということです。

銀行は、預金として預かっているお金の何倍もの金額を、帳簿上で融資に充てることができます。つまり、無から生み出している数字で融資をしているようなものなのです。

どうしてそんなことができるのかというと、銀行には、「信用創造」という機能が付与されているから。

簡単に説明します。

お客さまから預金として預かったリアルなお金が、まず銀行の手元に入りますよね。これは預金ですから、基本的には銀行に置いておくお金です。いきなり全額引き出される可能性は、まずありません。

だから**銀行は、お客さまが現金を引き出す時に備えて「支払準備金」をある程度残しておけば、それを超える金額を融資に回すことができる**のです。

たとえば銀行の預金口座に1００万円の預金があったとして、1００万円の何倍もの金額を別の人に融資できるということ。

仮に、銀行は預金の5倍の5００万円まで融資ができるものとしましょう。

銀行がお金を貸す時、リアルに5００万円を持っている必要は一切ありません。

あなたに5００万円を貸す時、帳簿上に「貸し出し債権5００万円、あなたの口座に5００万円」の数字をただ記録するだけです。銀行には信用というよりも債務（あなたの借金）を無から生み出す力があるから、5００万円の債権を創造できたことになります（こう考えると、信用創造というよりも債務創造や債権創造と言ったほうがよいかもしれませんね）。

だから万が一債権を回収できなかったとしても、銀行は実際にお金を失うわけではありません。貸し倒れようが、帳簿上の数字でしかないのですから。

これがノンバンクやサラ金なら別です。銀行のような信用創造の機能がないため、債権（あなたに貸したお金）を無から生み出すことはできません。

だから自分たちで借り入れるなどリアルマネーを調達して、その資金を貸しています。

融資の原資が銀行とはまったく違うので、それだけ金利が高くなるというからくりがあります。

もし銀行に返済できなくても、銀行のリアルマネーを奪うことにはなりません。

それを知るだけで、かなり気持ちがラクになりませんか？

もし銀行以外にもサラ金、あるいは親族や友人などから借金をしているなら、銀行より先、借金の原資がリアルマネーであるそちらに、少しでも返済しましょう。

5

「不動産」というリーサルウェポン

自分の財布（自己資金）と他人の財布（借金）のバランスを考えた時に、不動産と事業の開業資金は、ほぼ他人の財布から資金調達できることは、すでに触れました。

ここでは、特に不動産という最強の切り札、リーサルウェポンについて説明します。

なぜ不動産がリーサルウェポンになり得るのか。それは、土地建物に大きな担保価値があるからです。

たとえば、金融機関の立場からすると、同じように高額なものでも、宝石や絵画は動産なので、担保として差し押さえようとした時に、失敗する可能性があります。

しかし、土地建物という不動産は、確実に差し押さえられますよね。そういう担保価値のある不動産を、現状の日本では他人の財布で買うこともできるわけです。これはもう、リーサルウェポンと言わずして何と言えましょうか。

自分の財布だけで資産を増やすには、どうしても限界があります。労働の対価だけで大きく稼ぐのは難しいわけで、それ以外に自分の財布をふくらませるには、思わぬ遺産相続にでも期待するほかありません。

しかし**他人の財布で不動産を取得し、不動産投資をすることで資産は増やせる**のです。使わない手はないと、私は思います。

今現在、マイホームを取得していて、返済がもうすぐ終わるとかすでに完済している場合は、そのマイホームにも隠れ埋蔵金のような価値があります。

他人の財布で買うまでもなく、自分が持っている不動産であり、そこには担保余力（＝融資の枠）が残っているからです。

その余力を使って、借入れができます。

もちろん、マイホームの場所にもよりますが、1都3県や三大都市圏近郊であれば、担保価値は認められる可能性は十分にあるでしょう。

マイホームを担保に超低金利で借金をし、それを利回りが見込めそうな投資に回しておくだけで、利率の差額分が入ってきます。

マイホームを持っていれば、資産を増やす方法がある。しかし、それに気づかなければ意味がありません。

まさに「隠れ埋蔵金」ではないでしょうか。

6 急な支出や思いつきに対応するのも、預金残高よりファイナンス

第1章で、働けなくなったり被災した時のような「何かあった時」のために、預金残高を闇雲に増やそうとする必要はないと説明しました。

そういう切羽詰まった状況でなくても、たとえばお風呂など水回りのトラブルがあって全取り換えをする必要が生じたり、親族が海外で挙式することになったので、お祝い金に加えて渡航費用などもかかることになったりと、急な支出で困ることもありますよね。

また、まだ起業とまではいかなくても、つくりたいものやサービスがあったり世の中の問題を解決したいなど、まずはテストケースとしてやってみるだけの資金が欲しいということもあります。

しかし、こうした場合でも、別に預金から用立てる必要はなく、他にいくらでも方法があることを知っておくべきでしょう。

つまり、**ファイナンス手段（資金調達手段）として使える他人の財布をいくつか考えておく**ということです。

もちろん第一に考えられるのは、低金利で借りやすいことをさんざんお伝えしてきた銀行からの借入れです。

いろいろな借入れがあり、リフォームローンやマイカーローンのように、使途が決まっているものであれば、金利はさらに低めに抑えられています。

市中銀行には、特に使途が指定されていないフリーローンもあり、さまざまなニーズに対応できます。

また、**各種助成金や給付金も、受給資格があれば遠慮なく申請して受け取っていいお金です。税金が免除されることもあります。**

特に新型コロナウイルス感染拡大の影響で、持続化給付金をはじめとしたさまざまな制度が創設され、他にも傷病手当のように、従来の制度を拡大適用することによってコロナに対応しようとする動きもありました。

こうした制度を知っているのと知らないのとでは、大きな違いが生まれます。**知っていれば他人の財布からずいぶんサポートしてもらえるのに、知らなければ全部自分の財布から持ち出すことになりますから**。

助成金・給付金は、コロナ関連は別として、大々的に宣伝されることはほぼありません。

そのため、申請要件を満たしていても、そもそももらえることを知らない人がたくさんいます。だから、自分から知ろうとしてみることがカギなのです。**全国にはユニークな助成金もたくさんあるので、自分や家族には関係ないと思わずに、調べてみると意外にも支給されるかもしれません**。

たとえば静岡県藤枝市は、地域の人口対策を強化するため「仲良し夫婦移住定住促進事業」と銘打って、市内に移住する「仲良し夫婦」に対して補助金を出しています。

長野県松本市では、地球温暖化の抑制などを目的とした、薪ストーブ購入の補助金を交付。

東京都中央区では、街の環境整備のため、ねずみの駆除・防除にかかる費用を補助しています。

国はもちろん、地方自治体までチェックして、使えるものはどんどん使いましょう。


他には、クラウドファンディングも他人の財布ですし、パフォーマンスなど大勢の人に向けてアピールできる人なら、ＳＮＳの投げ銭システムなども使えます。

それぞれ拡散力が必要ですが、強い想いやビジョンがある人、まわりを巻き込むのがうまい人なら、結果を出せるのではないでしょうか。

7 日本人という立場を生かした最速の資産形成術とは？

政府が超低金利の金融政策を推し進め、当分の間は金利の上昇の可能性が低い日本。

私たち日本人は、日本円で借金ができるというメリットを享受できる立場にいるということです。

ですからその立場を生かした、**4つのステップによる最速の資産形成術**を提案します。私自身が実践して資産を増やしていった方法で、私は**「投資の黄金律」**と呼んでいます。

第1ステップ　仕事・ビジネス

まずは仕事・ビジネスから収入を得て、足元を固めます。足元を固めることは、3つの意味で大切です。

❶元本が増える仕組みづくり：投資に回す元本を、毎月必ず確保
❷今の生活の保全：自分と家族の生活の保障のために
❸将来の生活の保全：老後資産のための投資の元本のために

もし自分で事業を起こすのであれば、借入れや助成金など、他人の財布からかなり助けてもらえます。

第2ステップ 不動産

第1ステップで自分や家族の生活を守る目途《めど》がついたら、自分の財布と他人の財布とのバランスを考えながら、不動産投資を行います。

くり返しますが、日本の超低金利で担保価値の高い不動産は、あまり自分の財布から出さなくても購入することが可能です。これが最大のメリット!

投資するための自己資金を少なく抑えたまま、多額の投資を行うことができるのです。いわゆる「てこの原理」で自己資金のリターンを高めるレバレッジ型の投資となります。

具体的には、少ない自己資金と多額の借入れで購入した収益物件を賃貸に出して、家賃収入を得ます。あるいは、割安で買えた物件であれば、より高い価格で転売することもあります。

この不動産投資は、投資の中では「ミドルリスク・ミドルリターン」と言われる比較的安定した手法となっています。

着実に不動産投資を行うことで資産を増やし、そこで得られる現金を次の投資に回しましょう。

第3ステップ　紙の資産（ペーパーアセット）

次は、「紙の資産」、すなわちペーパーアセットに投資します。

紙の資産とは、株式（上場企業／ベンチャー企業などさまざまな段階のもの）や公社債だけでなく、資金が必要な会社等への融資（＝レンディング）や各種私募ファンド（お金を集めるファンドの中でも一部の投資家に限定的に募集されるもの）、海外のヘッジファンドなどを指します。

紙ベース（最近はほぼ電子化されています）で管理するため、資産の実体が目に見えないものです。

ペーパーアセットは、成長過程の会社（ベンチャー）への株式投資などでは、投資元本が0円になってしまうこともあれば、稀にですがリターンが100倍以上になることもあります。

ですから、あまり資産がないうちにひとつの投資先に集中して、もし元本がゼロになれば、ゲームを続けられない事態になりかねません。そのため、**自分に合った投資対象を複数選び、ひとつがゼロになっても他でカバーできるようにしておくことが大切です**。

複数に投資しておけば、いくつかの投資先で損失が出たとしても、ひとつでも大きなリターンが出れば全体として数字をつくることができます。

そうやって資産規模を大きくしていき、いずれは最低投資額が高額で一般的には手を出しづらいペーパーアセットにも投資できるようになります。

第4ステップ　不動産以外の実物資産（リアルアセット）

第3ステップまでで、よりリスクが高いものに投資できるようになっています。そこで最後に、不動産以外の実物資産（不動産も実物資産です）に投資します。

不動産以外の実物資産とは、具体的には絵画や彫刻などの美術品や、希少価値のある年代物のアンティークコイン、宝石・ジュエリー、ウィスキー・ワインなど趣味性の高い商品も含まれ、投資対象としてのリスクはこれまでと比較して高いです。

しかし、紙ではなく実物の資産なので、インフレ耐性が高いことが最大のメリットです。**資産づくりの最大の敵であるインフレを避け、資産の価値を守りやすいために、本当の富裕層はこぞって実物資産に投資するのです。**

いかがでしょうか。私たち日本人は、他人の財布を借りながらこの「投資の黄金律」を実践し、元本が少なくてもスピード感を持って資産形成することができるのです。

第4ステップまでのすべてを踏まなくても、第3ステップですでに目標資産を達成できていれば、第3ステップまででも構いません。

その時点で、プライベートバンクなどにまとまった金額を預け入れて、資産の価値をしっかり保つことや家族に上手に残すことにシフトしてもいいと思います。

また、どうしてもお金を借りづらいという人であれば、第1ステップを踏んでから、第3ステップ・第4ステップへと進んでも構いません。あくまで、セオリーは模範例なので、それを理解したうえで自分に合った方法を取ればよいのです。

日本人は、お金について学ぶ機会がほぼないので仕方ないのですが、さまざまな思い込みや誤解が、資産形成をジャマしています。

それを知るだけで、考え方は確実に変わってくるはずです。

まずは、ありがちな「借金は恥ずかしいこと」「労働の対価としてお金を稼ぐ

べき」「人さまに頼らず、自分の責任でなんとかする」という価値観を捨て去ること。

そして、ますますグローバル化を意識しなければならないこれからの時代に、「お金の常識」という面でも世界基準を目指していきましょう。

¥
Step
UP!

おわりに

正しい資産づくりで、多くの方に理想のライフスタイルを手に入れてほしい！

そう思い始めてから約3年、ついに2冊目の著作となりました。

これまで多くの方に講座やコンサルティングでお手伝いして、人生が大きく変わるさまを目の当たりにしてきました。そのたびに、この仕事をやっていてよかったと心から感じます。

みなさんのお手伝いをすればするほどやりがいもふくらんでいき、「もっと多くの方に広めなくては！」と、日々想いを強くしています。

本書のテーマは、ムダなお金や資産、持ちもの、仕事やキャリアを投げ捨てること。これは突き詰めれば、あなたがそれらを何のために持っているのか、その「意味」を深く追求するということになります。

たとえば、持つ者と持たざる者の格差が、日本を含む世界中で問題視されていることを考えても、「意味」に行きつくと思うのです。

持つ者は、どうすればもっとお金や資産を自分やまわりの人のために生かせるのか、つまり、持つ資格があるのか。自分の持ちものの意味を追求することで、おのずとその答えは出てくるでしょう。

そして**持たざる者は、何に意味を見出すことで幸せな生活が手に入るのか。**

こうしたことを、社会全体で真剣に考えるようになっています。個人的な持ちもの、財産に固執するところから、より良い「世界」や「社会」を意識する人が多い時代になっています。

また、経済をリードしている企業の活動についても同様です。

人口増加や気候変動、その他の環境問題が、人間の存在を脅かすほどになってきていることを、多くの人が理解できる世の中になってきました。

そのため、ただ業績が良いかどうかよりも、ESG（環境・社会・ガバナンス）をキーワードに語られる持続可能性や環境への取り組みがなされているかどうかが、企業の価値や存続に大きな影響を与えるようになっています。

企業はより良い世界のための活動を本当にしているのか、そして、そもそも何のために存在しているのかが問われているのです。

さらに、新型コロナウイルスの世界的流行も、この流れに拍車をかけました。国の間の移動制限や各国の外出規制やロックダウンで、本当に豊かな生活ってどんなものなのか、どうしても対面で会いたい大切な人って誰なのか、あるいは、人生の時間を過ごしたい場所ってどこなのか……など、一人ひとりが考え直さざるを得ない大きなきっかけになりました。

総じて言うと、本当に大切なものにあらためて気づく時代なのだと思います。だからこそ今は、幸せにつながる資産づくりを学ぶとても良いタイミングなのです。

私たちは、まぎれもなく毎日かけがえのない貴重な時間を生きています。その大切な時間を、一瞬でも楽しくない状態で生きるなんて、もったいないと思いませんか？

楽しく幸せで当たり前。楽しくないのは「異常」。

幼い子どもが朝起きた瞬間から遊び始め、夜にスイッチが切れるまで全力で遊び続けるように、大人も一日中楽しくないとダメなのです。

仕事も遊びも楽しみ、ワクワク生きる大人だらけの日本にする！　これが私の大きな夢のひとつです。たとえば、品川や新橋をたくさんのサラリーマンが全員スキップで通勤するようになれば、社会の雰囲気はまったく変わるでしょう（というか、なぜ今、一人もスキップして通勤する人がいないのでしょうか？　笑）。そして、大人が全力で楽しく生きれば、自然と子どもたちも見習い、次の世代が変わっていく。そんな素敵な未来を、現実にしたいのです。

私はたまたま資産づくりが得意なので、そんな社会の実現のために、資産づくりの分野でお役に立ちたいと考えているに過ぎません。

本書が、より幸せなライフスタイルを真剣に考えているみなさん、そして、それを実現するツールとして資産づくりを活用したいみなさんの手助けになれば幸いです。

謝辞

最後になりますが、本書の刊行にあたって、さまざまなお手伝いをいただいたみなさんに感謝を述べさせていただきたいと思います。

まずは、家族へ。

妻の久美子。あなたに出会ったことがこれ以上はない人生の財産です。

娘の薫。あなたが生まれてこなければ、本を出すどころか、脱サラすることすらなかったでしょう。

次に、本づくりに関わっていただいたみなさんへ。

クローバー出版の田谷さん、桜井さん、川上さん、二階堂さん。

編集をお手伝いくださった坂本さん。

敏腕ライターの尾﨑さん。

クローバー出版さんとのご縁をつないでくださったブレイク・スルー・マネジ

メントの西川さん。

そして、いつも私に学びを与えてくれる実践講座の受講生のみなさん。

みなさんのお力があって初めて、この2冊目の本の刊行まで漕ぎ着けることができました。本当にありがとうございます。

八乙女 暁 やおとめ さとる

Midas Minds LLC 代表
投資家/経営コンサルタント/米国公認会計士/米国公認管理会計士/ジャストフィット投資法™ 専門家
京都大学経済学部卒業

30歳で資産10億円以上を得て、セミリタイアを達成。自らの経験とノウハウを活かし、時間・お金・場所の「制限ゼロ」の人生を送る仲間を増やしたい、その夢に向かって日々精力的に活動している。主宰する「資産デザイン実践講座」では、数多くの受講生が正しい資産づくりを学び、脱サラ・経済的独立・ライフチェンジを達成している。
サラリーマン時代には、経営コンサルタント・投資ファンドマネージャーとして、企業経営・金融の経験を積む。著書に『お金に困らない人の投資の考え方』（フローラル出版）がある。本書は2冊目の著作。

装丁・本文デザイン 野口佳大
イラスト 小瀧桂加
制作協力 尾﨑久美
校正協力 永森加寿子
編集 田谷裕章、坂本京子

貯金0円生活！
目指すはハッピーセミリタイア！お金を賢く手放す5つの習慣

初版1刷発行　2021年5月20日

著　者　八乙女《やおとめ》 暁《さとる》
発行人　小田 実紀
発行所　株式会社Clover出版
〒162-0843
東京都千代田区神田神保町3丁目27番地8
三輪ビル5階
電話　03（6910）0605
FAX　03（6910）0606
https://cloverpub.jp
印　刷　日経印刷株式会社

ISBN978-4-86734-018-9 C0033